# 子どもの
# 健康福祉
# 指導ガイド

日本幼児体育学会　編
前橋　明　（早稲田大学　教授/医学博士）　著

大学教育出版

# はじめに

　今日の日本は、生活環境の著しい変化にともなって、運動に費やす時間と場が減少し、しかも、不規則な食事時間と偏りのある食事内容も加わって、生活習慣病や肥満、運動不足になる子どもたちが増加しました。そして、社会生活が夜型化し、働く母親が増加、勤務時間が延長されることも一因となり、幼児の生活リズムにくるいが生じてきました。中でも、就寝時刻が遅く、生活リズムの乱れた幼児に対して、その生活環境を十分に考慮した上での対応が求められています。

　ところが、今日、保育者や指導者となる若者たちにおいても、その生活自体が夜型化していることもあり、そのような状態が「あたりまえ」と感じられるようにもなってきています。そのため、幼児の健康に関する理論の研鑽が大いに求められると言えるでしょう。

　また、運動実践や実技の面においても、指導者側の問題として、指導者自身の遊び込み体験の少なさから、「あそびのレパートリーを子どもに紹介できない」、「あそび方の工夫やバリエーションづくりのヒントが投げかけられない」という現状があり、保育・教育現場において、幼児の健康にとっての運動の

重要性やあそびのレパートリー、運動と栄養・休養との関連性を子どもたちに伝えていくことすらできないのではないかと懸念しています。だからこそ、本書が示す子どもの健康づくり理論と運動実技の紹介に寄せられる期待は大きいといえます。

本書の内容を参考にされ、一人でも運動に理解のある人が増え、その中から、多くの優秀な指導者がはばたいていき、子どもたちの健全育成に汗をかいてくださることを切に願っています。

2017 年 1 月

早稲田大学　教授／医学博士

前橋　明

# 子どもの健康福祉指導ガイド

---

## 目　次

はじめに …………………………………………………… *i*

---
## 概　論　編
---

## 「食べて、動いて、よく寝よう！」運動の目的
―― 子どもの成長・発達状況の診断・評価 ―― ………… *3*

  1. 子どもの健全育成でねらうもの　*3*

  2. 自律神経や脳内ホルモンが関与する体温リズム　*3*

  3. 子どもの成長・発達状況の診断・評価　*7*

  4. 運動の必要性　*13*

---
## 理　論　編
---

## 第1章　生活リズム向上作戦「食べて、動いて、
　　　　　よく寝よう！」運動のススメ ………………… *21*

  1. 近年の子どもたちが抱えさせられている 3 つの問題　*21*

  2. 生体リズムに関与する脳内ホルモン　*26*

  3. 研究からの知見と提案　*28*

## 第2章　幼児にとっての運動の役割と効果 ………… *35*

  1. 身体的発育の促進　*38*

  2. 運動機能の発達と促進　*39*

3. 健康の増進　*40*

　4. 情緒の発達　*40*

　5. 知的発達の促進　*42*

　6. 社会性の育成　*43*

　7. 治療的効果　*44*

　8. 安全能力の向上　*45*

　9. 日常生活への貢献と生活習慣づくり　*45*

## 第3章　子どもの発育・発達 ……………………………*47*

　1. 乳児期の発育・発達と運動　*47*

　2. 反　射　*48*

　3. 発達の順序性　*48*

　4. 幼児期の発育・発達と運動　*49*

　5. 運動発現メカニズム　*51*

## 第4章　幼児期の体力・運動能力、運動スキルの発達
　………………………………………………*54*

　1. 体　力（physical fitness）　*54*

　2. 運動能力（motor ability）　*57*

　3. 運動スキルと運動時に育つ能力　*59*

## 第5章　運動指導のポイント ……………………………*62*

　1. 指導の基本　*62*

　2. 指導内容　*64*

3. 指導者に期待すること　　*67*

## 第6章　子どもたちが外で安全に遊ぶための
　　　　工夫と運動のつまずき対応 ⋯⋯⋯⋯⋯⋯⋯ *69*

1. 安全に遊ぶための約束　　*70*

2. 運動のつまずきと子どもへの対応　　*71*

---
### 実　技　編
---

## 第1章　子どもの楽しい運動・運動会種目 ⋯⋯⋯⋯ *79*

1. ウォーミングアップ　　*79*

2. 2人組からだ動かし　　*82*

3. 親子体操　　*85*

4. 廃材を使った運動あそび　　*92*

5. 運動会種目　　*96*

## 第2章　身近なものを使った運動あそび ⋯⋯⋯⋯ *107*

1. タオル乗せあそび　　*107*

2. タオルとり　　*108*

3. レジ袋キャッチ　　*110*

4. レジ袋キックバレー　　*111*

5. シッポとり　　*112*

6. ラケットでボールころがし競争　　*113*

目　次　*vii*

7．ティーボールあそび：サークルラン　*114*

8．ティーボールあそび：ボールコレクター　*117*

## 第3章　リズム・表現……………………………………… *120*

1．まるまるダンス　*120*

2．花のお国の汽車ぽっぽ　*124*

3．ぽかぽかてくてく　*128*

4．まっかなおひさま　*133*

概論編

# 「食べて、動いて、よく寝よう！」運動の目的
── 子どもの成長・発達状況の診断・評価 ──

## 1. 子どもの健全育成でねらうもの

　子どもを対象に、各種のあそびや活動、指導を通して、下の5つの側面をバランスよく発達させ、人間形成を図ります。
　　①身体的（physical）な発達
　　②社会的（social）な発達
　　③知　的（intellectual）mental な発達
　　④精神的（spiritual）な発達
　　⑤情緒的（emotional）な発達
　子どもの全面的発達（身体的・社会的・知的・精神的・情緒的発達）をめざす教育全体の中で位置づけます。

## 2. 自律神経や脳内ホルモンが関与する体温リズム

　夜型生活の中で、子どもたちの睡眠リズムが乱れると、摂食のリズムが崩れて、朝食の欠食・排便のなさへとつながっていきます。その結果、朝からねむけやだるさを訴えて午前中の活動力が低下し、体力低下とともに、自律神経の働きが弱まって昼夜の体温リズム（図1）が乱れてきます。

4　概論編

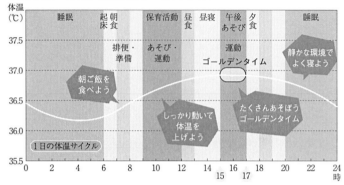

体温にも1日のリズムがあります。体温が高い時間帯は、ウォーミングアップができていることであり、動きやすく、学びの効果を得やすい時間帯です。そのときに運動することで、ホルモンの分泌がさらに良くなり、自然に正常なからだのリズムができてきます。

図1　1日の体温リズム

そこで、体温が36度台に収まらない、いわゆる体温調節のできない「高体温」や「低体温」の子ども、体温リズムがずれ、朝は体温が低くて動けず、夜に体温が高まって動きだすといった夜型の子どもたちが見られるようになってくるのです。

日常生活では、体温は、脳内ホルモンの影響を受けて、一般に午前3時頃の夜中に最も低くなり、昼の午後4時頃に最高となる一定のサイクルが築かれます。このような日内変動は、ヒトが長い年月をかけて獲得した生体リズムの一つです。例えば、午後4時前後の時間帯は、最も動きやすくなる時間帯で、子どもたちの「あそびや学びのゴールデンタイム」と、私は呼

んでいます。自分の興味や関心のあるものを見つけて、それらに熱中して、時を忘れて遊び込む時間帯なのです。例えば、自然や動物とでもよいですし、スポーツごっこでもよいです。このときの熱中と挑戦、創造と実践の経験のくり返しで、子どもたちは、グーンと成長するのです。

　ところで、生活が夜型化している子どもの体温リズムは、普通の体温リズムから数時間後ろへずれ込んでいます。朝は、眠っているときの低い体温で起こされて活動を開始しなければならないため、からだが目覚めず、動きは鈍いのです。逆に、夜になっても、体温が高いため、なかなか寝つけないという悪循環になっています。

　このズレた体温リズムをもとにもどすことが、生活リズム向上戦略のポイントとなります。その有効な方法を２つ紹介しますと、①朝、太陽の光を、子どもに浴びさせることと、②日中に運動をさせることです。

　子どもたちの抱える問題の改善には、ズバリ言って、大人たちがもっと真剣に「乳幼児期からの子ども本来の生活（栄養・運動・休養のバランス）」を大切にしていくことが肝要です。その結果、日本が生み出した国民運動が、「早寝、早起き、朝ごはん」運動なのです。確かにこの運動は、健康づくり運動へのきっかけには有効でしたが、自律神経に積極的に働きかけて、子どものたちのイキイキ度を増すまでには、いま一歩の感があります。

　子どもたちが抱えさせられている問題を食い止めるために

は、まずは「睡眠」を大切にし、脳を守り、育むことが必要です。だから、「早寝・早起き」なのです。そして、睡眠が崩れると「食」の崩れを生じますから、「朝ごはん」を打ち出す必要があります。

　しかしながら、この国民運動は、そこまでしか、ケアできていないのです。意欲をもって、自発的に自主的に動ける子ども・考える子どもを期待するならば、3番目の「運動」刺激が子どもたちの生活の中になくてはなりません。運動や運動あそびは、自律神経機能の発達に不可欠なのです。生活習慣を整えていく上でも、1日の生活の中で、日中に運動エネルギーを発散し、情緒の解放を図る運動実践の機会や場を与えることの重要性を見逃してはならないのです。

　そのためには、「早寝、早起き、朝ごはん」という国民運動に、「運動」を加えなければなりません。つまり、「食べて」「動いて」「よく寝よう」なのです。言い換えれば、「動き」の大切さを導入したキャンペーンを打ち出して、積極的に実行に移していくことが大切です。こうして、将来を担う子どもたちが、健康的な生活を築き、生き生きと活躍してくれることを願っています。

```
夜型生活で、睡眠リズムが乱れると
              ↓
        摂食リズムが崩れる
         （朝食の欠食）
              ↓
  午前中の活動力の低下・1日の運動量の減少
         （運動不足・体力低下）
              ↓
オートマチックにからだを守る自律神経の機能低下
（昼夜の体温リズムが乱れ、自発的に自主的に行動ができなくなる）
              ↓
      ホルモンの分泌リズムの乱れ
（朝、起床できず、日中に活動できない。夜はぐっすり眠れなくなる）
              ↓
    体調不良・精神不安定に陥りやすくなる
              ↓
    学力低下・体力低下・不登校・暴力行為
```

図2　日本の子どもたちの抱える問題発現とその流れ

## 3. 子どもの成長・発達状況の診断・評価

　お子様の生活状況は、健康的ですか？　あそびは足りていますか？　お子様の生活の実際と運動環境について、チェックをしてみましょう。生活に関わる3つの視点と運動に関わる3つの視点について答えて、レーダーチャートに書き込んでみると、今の生活の良いところ、これからチャレンジするとよいところが一目でわかります。

| 診断方法 |

1：資料の①～⑥の項目について、「はい」「いいえ」で答えます。幼稚園や保育園に行っている時間帯のことは、お子さんと話し合いながら記録してもよいでしょう。
2：「はい」1個につき1点と数え（5点満点）、合計の点数を対応する項目のグラフに記入します。
3：記入した①～⑥の点を結びます。
4：結んでできた六角形の面積が大きいほど、子どもの身体状況や生活環境、運動環境、発達状況が良いことを表しています。また、正六角形に近いほど、各項目のバランスが良く、いびつな六角形になるほど、項目により、得手・不得手、良い・悪いが著しいことを表しています。

「食べて、動いて、よく寝よう！」運動の目的 —— 子どもの成長・発達状況の診断・評価 ——

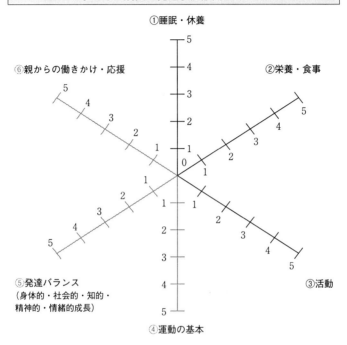

① ～ ③ 生活面
④ ～ ⑥ 運動面

5点：とても良いです
4点：良いです
3点：できることを一つでも増やしていくよう、
　　　挑戦していきましょう
2点：いま少しがんばりましょう
1点：かんばりましょう

*10* 概論編

| 生活面 |
| --- |

### ①睡眠・休養

　生活の基本となる睡眠は、睡眠時間の長さだけでなく、寝る時刻や起きる時刻も重要です。朝起きたときに、前日の疲れを残さずに、すっきり起きられているかがポイントです。

●夜9時までには、寝るようにしていますか？

●毎日、夜は10時間以上、寝ていますか？

●朝は、7時までには起きていますか？

●朝、起きたときに、太陽の光をあびていますか？

●朝起きたときの様子は、元気ですか？

「はい」を1点とし、5点満点

計 ☐ 点

| 生活面 |
| --- |

### ②栄養・食事

　食事は、健康で丈夫なからだづくりに欠かせないものであり、家族や友だちとの団らんは、心の栄養補給にもなります。毎日、おいしく食べられるように、心がけていますか？

●朝ご飯は、毎日、食べていますか？

●朝、うんちをしていますか？

●ごはんを、楽しく食べていますか？

●おやつを食べてから夕ごはんまでの間は、2時間ほど、あいていますか？

●夜食は、食べないようにしていますか？

「はい」を1点とし、5点満点

計 ☐ 点

|          生活面          |          運動面          |
| :---: | :---: |

### ③活動

　睡眠、食事以外の生活の中での主な活動をピックアップしました。お手伝いやテレビの時間といった小さなことでも、習慣として積み重ねていくことで、その影響は無視できないものになります。

- ●歩いて通園（通学）ができていますか？
- ●外に出て、汗をかいて遊んでいますか？
- ●からだを動かすお手伝いができていますか？
- ●テレビを見たり、ゲームをしたりする時間は、合わせて１時間までにしていますか？
- ●夜は、お風呂に入って、ゆったりできていますか？

「はい」を１点とし、５点満点

計 ◻ 点

### ④運動の基本

　現状のお子さんの外あそびの量や、運動能力について把握できているでしょうか。わからない場合は、公園に行って、どのくらいのことができるのか、いっしょに遊んでみましょう。

- ●午前中に、外あそびをしていますか？
- ●15 〜 17 時くらいの時間帯に、外でしっかり遊んでいますか？
- ●走ったり、跳んだり、ボールを投げたりを、バランスよくしていますか？
- ●鉄棒やうんていにぶら下がったり、台の上でバランスをとったりできていますか？
- ●園庭や公園の固定遊具で楽しく遊んでいますか？

「はい」を１点とし、５点満点

計 ◻ 点

| 運動面 |
|:---:|

⑤発達バランス（身体的・社会的・知的・精神的・情緒的成長）

　自分の身を守れる体力があるか、人と仲良くできるか、あそびを工夫できるか、最後までがんばる強さがあるか、がまんすることができるか等、あそびで育まれる様々な力についてチェックしましょう。

●お子さんは、転んだときに、あごを引き、手をついて、身をかばうことができますか？（身体的・安全能力）
●友だちといっしょに関わって、なかよく遊ぶことができていますか？（社会的）
●あそび方を工夫して、楽しく遊んでいますか？（知的）
●遊んだ後の片づけは、最後までできますか？（精神的）
●人とぶつかっても、情緒のコントロールができますか？（情緒的）

「はい」を1点とし、5点満点

計 □ 点

| 運動面 |
|:---:|

⑥親からの働きかけ・応援

　幼児期の生活は、親の心がけや関わり次第で大きく変化します。「はい」が多いほど、親子のふれあいの時間も多いので、親子それぞれにとって心身ともに良い効果があるでしょう。

●親子で運動して、汗をかく機会をつくっていますか？
●外（家のまわりや公園など）で遊ぶ機会を大切にしていますか？
●車で移動するよりは、お子さんと歩いて移動することを心がけていますか？
●音楽に合わせての踊りや体操、手あそびにつき合っていますか？
●1日に30分以上は、運動させるようにしていますか？

「はい」を1点とし、5点満点

計 □ 点

## 4. 運動の必要性

　子どもたちの脳や自律神経がしっかり働き、体力が向上するようにするためには、まずは、子どもにとっての基本的な生活習慣を、大人たちが大切にしていくことが基本です（図3）。その自律神経の働きを、より高めていくためには、次の4点が大切です。

①基本的な生活習慣を、大人たちが大切にしていくこと。

②子どもたちを、室内から戸外に出して、いろいろな環境温度に対する適応力や対応力をつけさせること。

③安全なあそび場で、必死に動いたり、対応したりする「人と関わる運動あそび」をしっかり経験させること。つまり、安全ながらも架空の緊急事態の中で、必死に動く運動の経験をさせること。具体的な運動例をあげるならば、鬼ごっこや転がしドッジボール等の楽しく必死に行う集団あそびが有効でしょう。また、公園での安全な遊び方（約束事）を、図4に示しておきます。

④運動（筋肉活動）を通して、血液循環が良くなって産熱をしたり（体温を上げる）、汗をかいて放熱したり（体温を下げる）して、体温調節機能を活性化させる刺激が有効です。この適度な運動が、体力を自然と高めていくことにつながっていきます。

　では、日中に運動をしなかったら、体力や生活リズムはどう

*14* 概論編

なるのでしょう。生活は、一日のサイクルでつながっています
ので、生活習慣（生活時間）の一つが悪くなると、他の生活時
間もどんどん崩れていきます。逆に、生活習慣（時間）の一つ
が改善できると、次第にほかのことも良くなっていきます。

　つまり、日中、太陽の出ている時間帯に、しっかりからだを
動かして遊んだり、運動をしたりすると、お腹がすき、夕飯が
早くほしいし、心地よく疲れて早めの就寝へと向かいます。早
く寝ると、翌朝、早く起きることが可能となり、続いて、朝
食の開始や登園時刻も早くなります。朝ごはんをしっかり食
べる時間があるため、エネルギーを得て、さらに体温を高めた
ウォーミングアップした状態で、日中の活動や運動が開始でき
るようになり、体力も自然と高まる良い循環となります。

　生活を整え、体力を高めようと思うと、朝の光刺激と、何よ

---

食事（栄養）と睡眠（休養）のほか、
体力を増強させて健康を維持し、
元気に活動するのに役立つのは、運動！
運動やスポーツで、身体を適度に使うことが大切
レク効果（気分転換・疲労回復・家庭生活への寄与）
　→ トレーニング効果（疲労感）：体力向上
　　→ オーバートレーニング（過労）
　　　→ 病気
運動スキルを向上させることによって、
スポーツをより楽しく行うことを可能にし、
自己実現の機会も増えていく。

図3　体力を向上させるために

> **親の意識が危険を避ける**
> ## 公園での安全な遊び方
> 公園で安全に楽しく遊ぶための約束事を知っておきましょう。

服　装

なるべく動きを妨げない服装が良いでしょう。挟まったり、引っかかったりする危険がないよう、遊ぶ前に大人がきちんとチェックをしてください。

遊　具

安全な遊具でも、使い方を誤るとケガや事故が起こります。はじめて遊ぶ遊具は、大人が事前に確認して、使い方を子どもに教えましょう。特に子どもに伝えておきたいのは、以下のことです。

図4　公園での安全な遊び方

りも日中の運動あそびでの切り込みは有効です。あきらめない
で、問題改善の目標を一つに絞り、一つずつ改善に向けて取り
組んでいきましょう。必ず良くなっていきます。

　「一点突破、全面改善」を合言葉に、がんばっていきましょ
う。


　ちなみに、食事の内容で、脳の働きをよくする食材を表1
に示しておきます。

「食べて、動いて、よく寝よう！」運動の目的 —— 子どもの成長・発達状況の診断・評価 —— 　17

表1　脳の働きを活発にする食材

| ま | 豆類<br>・納豆・大豆<br>・ピーナッツ<br>・豆腐・味噌 | 豆類には、レシチンという物質が含まれており、このレシチンがアセチルコリン（神経伝達物質の一種）になり、記憶力に関わる。したがって、日常的に豆類を食べると記憶力が高まる。また、豆類には、タンパク質とマグネシウムが豊富に包まれている。 |
|---|---|---|
| ご | ごま<br>・ごま<br>・ナッツ類 | 老化の原因となる活性酸素を防ぐ抗酸化栄養素である。また、食品添加物に含まれる有害物質と結合しやすく、添加物のからだへの吸収を阻害して排出してくれる亜鉛を含んでいる。 |
| は | わかめ<br>・わかめや昆布などの海草類 | わかめや昆布などの海草類には、カルシウムやミネラルが豊富に含まれている。カルシウムは、集中力を高め、落ちつきを与える働きがある。ミネラルは、老化や生活習慣病の予防に役立つ。 |
| や | 野菜 | ビタミンを多く含み、脳内でブドウ糖代謝に関与し、栄養吸収の手助けをする。$\beta$カロチンやビタミンCを豊富に含む。 |
| さ | 魚 | DHA（ドコサヘキサエン酸）とEPA（エンコサベンタエン酸）が非常に多く含まれていて、神経細胞の働きを良くしてくれる。脳の神経細胞の発達に良く、うつ病になりにくくなる。また、人に対して危害を加える、気分がカーッとする、キレるという攻撃性が下がる。 |
| し | しいたけ<br>（きのこ類） | ビタミンDが豊富に含まれている。また、食物繊維も多く含まれ、動脈硬化や大腸がんの予防に寄与する。 |
| い | いも<br>（穀類） | ビタミンを多く含み、脳内でブドウ糖代謝に寄与し、栄養吸収の手助けをする。そして、腸内環境を整える食物繊維も豊富に含まれている。 |

理論編

# 第1章

## 生活リズム向上作戦「食べて、動いて、よく寝よう！」運動のススメ

### 1. 近年の子どもたちが抱えさせられている3つの問題

　子どもたちは、夜、眠っている間に、脳内の温度を下げて身体を休めるホルモン「メラトニン」や、成長や細胞の新生を助ける成長ホルモンが脳内に分泌されますが、今日では、夜型化した大人社会のネガティブな影響を受けて、子どもたちの生体のリズムは狂いを生じています。不規則な生活になると、カーッとなったり、イライラして集中力が欠如し、対人関係に問題を生じて、気力が感じられなくなったりしています。生活リズムの崩れは、子どもたちのからだを壊し、それが、学力や体力の低下、心の問題にまで、ネガティブな影響を与えているのです。

### (1) 睡眠リズムの乱れの問題

#### 1) 就寝の遅い現代っ子

　第一に、今の子どもたちは、夜型の生活に巻き込まれている点が気になります。子どもたちが親に連れられて、ファミリー

レストランや居酒屋、カラオケボックス等へ、深夜に出入りしている光景をよく見かけるようになってきました。チャイルドルームが完備され、メニューにもお子さまメニューが印刷されている居酒屋も出てきました。

「大丈夫です。子どもは元気ですから」「夜は、父と子のふれあいの時間ですから」「まだ眠くないと、子どもが言うから」等と言って、夜ふかしをさせている家庭が増えてきました。子どもの生活は、「遅寝、遅起き、ぐったり！」になっています。今日、午後 10 時を過ぎて就寝している幼児の割合が約 4 割を超えるわが国の現状は、国家的な危機です。

また、大人の健康づくりのために開放されている、夜間の学校の体育館においても、幼子を連れた状態で夜遅くまで親のスポーツにつき合わせているケースが増えてきました。子どもたちが大人の夜型生活に入り込んで、不健康になっている状況や、親が子どもの健康生活のあり方を知らない、子どもの生活のリズムに合わせてやれないという「知識のなさ」や「意識の低さ」が、今、問題視されています。

2) 短時間睡眠の危険性

では、夜に 10 時間眠ることができない子どもはどうなのか、中でも、9 時間 30 分を下回る短時間睡眠の子どもは、注意集中ができず、イライラする、じっとしていられなくて歩き回るという行動特徴に、どんどんチェックが入ります。こんな状況では、落ちついて生活ができないし、園での活動もきちんと経験できない、小学校にあがっても勉強に専念できなくなり

ます。

　実際、短時間睡眠で幼児期を過ごした子どもは、就学してから、1時間の授業に集中できません。10〜20分たつと、集中力を失ってキョロキョロし、イライラしてきます。いくら優秀な先生がいらっしゃっても、太刀打ちができないのです。

　短時間睡眠が長く続くと、もっと激しい症状、いわゆるキレても仕方がない状況、子どもたちが問題行動を起こしても仕方のない状況が、自然と出てきます。

　睡眠は、脳を休め、疲れをとるだけでなく、記憶を整理し、定着させること、つまり、脳を育むことですから、学力との関係がでてくるのです。それくらい、乳幼児期の睡眠は、脳にとって大切なものなのです。

　寝る時刻が深夜に向かってズレてくると、短時間睡眠になるか、睡眠を確保しようとすれば遅起きとなり、朝のゆとり時間がなくなって、朝食の欠食が増えてくるわけです。

## (2) 摂食リズムの乱れの問題

　睡眠不足、遅寝・遅起きになると、朝食を充実したものにできなかったり、欠食したりするようになります。これが、気になる2つ目の問題です。

　朝食を抜くと、イライラする、幼児であれば積み木を放り投げたり、おもちゃを雑に扱ったり、友だちを後ろから不意にたたいたりする行動が目立ってきます。今日、朝食を毎日食べている幼児は、8割程度しかいません。私たち大人は、朝・昼・

晩と3食を食べて生活を支えているわけですが、幼児はグーンと成長していきますから、子どもが成長するためには3食では足りません。しかも、胃は小さいし、腸の働きはまだ弱いから、一度に多くの食物を取り込めないので、おやつでその不足分を補う必要があります。よって、おやつも食事の一部と考えてほしいのです。つまり、幼子にとっての食事は、1日4〜5食が必要なのです。それなのに、メインの1食を抜いている幼児が増えてきたのは心配です。

　さらに、もっと問題なことがあります。例えば、6歳児で8割の子が朝食を食べていますが、朝に排便があるのはたった3割ほどなのです。人間は食物を食べると、消化のよい物で、7〜9時間ほどでうんちになります。じっくり消化していくと、24時間前後はかかります。夜間に10時間ほど眠るとするならば、夕食で食べたものの中で消化のよい食物の残りかすは、翌朝にはもう大腸に着いています。そして、朝の胃は、空っぽです。その空っぽの胃に、朝の食べ物が入ると、胃は食べ物が入ったことを脳に伝えます。すると、今までに消化吸収された残りかすを出すために、腸が蠕動運動を始め、食物残渣を押し出そうとします。そのときに、腸内に満ちるだけの残りかすのある方が良くて、大腸に刺激が伝わると、じわじわと押し出そうとするわけです。

　満ちるだけの残りかすをためようと思うと、お菓子だけでは、腸内に満ちるだけの残りかすによる重さと体積がつくれません。内容の良い物を食べないと、うんちに結びつかないので

第1章　生活リズム向上作戦「食べて、動いて、よく寝よう！」運動のススメ　25

す。

　近年では、排便を家で済ませてから、朝をスタートさせることもできなくなって、体調もスカッとしないままの登園になっている子どもが多いわけです。これでは、午前中の活動力が低下しても不思議ではありません。動きが減ると、1日の運動量が少なくなり、体力も高まりません。

## (3) 運動不足の問題

　さて、気になることの3つ目は、子どもたちの生活の中で、運動量が激減してきていることです。例えば、保育園の5歳児ですが、昭和60～62年は午前9時から午後4時までの間に、だいたい1万2千歩ぐらいは動いていましたが、平成3～5年になると、7千～8千歩に減ってきました。そして、平成10年以降になると、5千歩台に突入し、今日では、昭和時代の半分ほどの運動量に激減しています。それに、登降園も車利用が多くなってきましたので、子どもの生活全体の歩数が減ってきて、体力を育むのに必要な運動量が不足しています。

　子どもたちの活動の様子をみますと、丸太渡りや平均台歩行時に足の指が浮いて自分の姿勢（バランス）を保てず、台から落ちてしまう子どもが観察されます。生活の中でしっかり歩いていれば、考えられないことです。走っても、手が振れず、膝をしっかり上げることができないので、つま先を地面にこすって足を引っかけて転んでしまうのです。

　また、日ごろから、外あそびよりも、テレビ・ビデオ利用が

*26* 理論編

多くなってくると、活動場所の奥行きや人との距離感を認知する力も未熟となり、空間認知能力が育っていきません。だから、前や斜め方向から来る人とぶつかることが多くなるのです。ぶつかって転びそうになっても、①赤ちゃん時代から、ハイハイをさせる期間が短く、全身の筋力や安全能力が育っておらず、②歩けるようになっても、乳母車に乗せられ、筋力やバランス能力が極端に弱く、さらには、③日ごろから、車通園の増加や運動あそびの減少による、運動不足と多様な動きの経験の少なさのために、手をついてからだを守るという保護動作がでず、顔面から転んでしまうのです。

　要は、夜型生活の中で、子どもたちが睡眠リズムを乱していくと、欠食や排便のなさを生じていきます。その結果、日中の活動力が低下し、動けなくなっているのです（体力低下）。

## 2. 生体リズムに関与する脳内ホルモン

　ヒトが夜に眠り、朝に起きて活動を行うためには、脳内に分泌されるホルモンの働きがしっかりしていなければなりません。夜中には、眠るための松果体ホルモン（メラトニン）が出され、朝には活動に備え、元気や意欲を引き出すホルモン（コルチゾールやβ-エンドルフィン等）が分泌されなければ、眠ることや起きて元気に活動することはできないのです。

　これらのホルモンの分泌時間のリズムや量が乱れると、脳の温度の調節もできず、時差ぼけと同じような症状を訴え、何を

第1章　生活リズム向上作戦「食べて、動いて、よく寝よう！」運動のススメ　*27*

するにしても意欲がわかなくなります。健康な状態では、睡眠を促すメラトニンの分泌が、午前0時頃にピークとなり、脳内温度が低下します。ですから、神経細胞の休養が得られ、子どもたちは、良好な睡眠がとれるのです。

　睡眠と覚醒のリズムが乱れ、生体のリズムが崩れると、これらホルモンの働きが悪くなり、分泌の時間帯も乱れて、体温調節がさらにできなくなります。結果的に、夜間は脳の温度が下がらず、神経細胞が休養できず、睡眠時間は長くなっていきます。したがって、朝起きられなかったり、いくら長く寝てもすっきりしなかったりするのです。当然、朝、起きることができず、午後になって、やっとコルチゾールや$\beta$-エンドルフィンが分泌されると、体温が上がり始めて少し元気が出てくるというわけです。もちろん、能力としては極端に低下していますので、結果的には、疲れやすさや持久力低下、集中力低下、ぼんやり・イライラ・無気力・不安・うつ状態を引き起こしていきます。

　また、近年は、幼児期からいろいろな種類の習い事ごとが増え、脳が処理すべき情報量の増加とそれに反比例した睡眠時間の減少が、子どもたちの持続的な緊張状態をつくり上げています。学力を高めようと願うと、学んだ内容の記憶を整理し、定着させてくれる睡眠を疎かにはできないのですが、睡眠時間だけはますます短くなり、疲労回復もできず、能力は極端に低下しています。

　そして、将来、進学する過程の中で、勉強に全く集中でき

*28　理論編*

ず、何も頭に入らなくなり、日常生活も困難となって、家に閉じこもるようにもなっていくでしょう。

## 3. 研究からの知見と提案

　子どもと保護者の生活調査や生活リズムの研究を通して、わかってきたことを整理してみます。

①年齢が低く、体力の弱い子どもは、午前中のあそびだけで、夜には疲れを誘発し、早く眠くなりますが、加齢にともなって体力がついてくると、午前中のあそびだけでは疲れをもたらさず、遅くまで起きていられます。もう1つ、午後のあそびが必要です。とりわけ、午後3時頃からの積極的な運動あそびで、しっかり運動エネルギーを発散させ、情緒の解放を図っておくことが、夜の入眠を早める秘訣です。

②夕食の開始が午後7時を過ぎると、就寝が午後10時をまわる確率が高くなります。幼児には、午後6時、7時頃までに夕食を始めさせるのがお勧めです。

③朝、疲れている子どもは、テレビやビデオの視聴時間が長く、夜、寝るのが遅いです。そして、睡眠時間が短く、日中の運動量が少ないです。そういった子どもの母親のメールの実施時間は、長いことがわかっています。親子共に、夜は物との関わりをしており、親子のふれあい時間が少ないのが特徴です。

④夜8時になったら、環境を暗くし、夜を感じさせて、眠
りへと導きましょう。テレビのついた部屋は、光刺激が入
るので眠れません。電気を消して部屋を暗くすることが大
切です。

⑤朝になったら、カーテンをあける習慣を作ります。朝に
は、陽光を感じさせ、光刺激で目覚めさせましょう。

## (1) 大人への警告

近年の子どもたちの抱える問題の改善には、大人たちがもっ
と真剣に「乳幼児期からの子ども本来の生活」を大切にしてい
くことが必要です。

①夜型の生活を送らせていては、子どもたちが朝から眠気や
だるさを訴えるのは当然です。

②睡眠不足だと、注意集中ができず、また、朝食を欠食させ
ているとイライラ感が高まるのは当たり前です。学校にあ
がってから、授業中はじっとしていられず、歩き回っても
仕方がありません。

③幼いときから、保護者から離れての生活が多いと、愛情に
飢えるのもわかります。親の方も、子どもから離れ過ぎる
と、愛情が維持できなくなり、子を愛おしく思えなくなっ
ていきます。

④便利さや時間の効率性を重視し、徒歩通園から車通園に変
えると、親子のふれあいや歩くという運動量確保の時間が
減っていきます。そして、コミュニケーションが少なく

なって、体力低下や外界環境に対する適応力が低下していきます。

⑤テレビやビデオの使いすぎも、対人関係能力や言葉の発達を遅らせ、コミュニケーションのとれない子どもにしていきます。とくに、午後の運動あそびの減少、地域の異年齢によるたまり場あそびの崩壊、ゲームの実施やテレビ視聴の激増が子どもたちの運動不足を招き、生活リズムの調整をできなくしています。

以上の点を改善していかないと、子どもたちの学力向上や体力強化は図れないでしょう。キレる子どもや問題行動をとる子どもが現れても不思議ではありません。ここは、腰を据えて、乳幼児期からの生活習慣を健康的に整えていかねばならないでしょう。

生活習慣を整えていく上でも、1日の生活の中で、一度は運動エネルギーを発散し、情緒の解放を図る機会や場を与えることの重要性を見逃してはなりません。そのためにも、幼児期には、日中の運動あそびが非常に大切となります。運動あそびというものは、体力づくりはもちろん、基礎代謝の向上や体温調節、あるいは脳・神経系の働きに重要な役割を担っています。園や地域において、時がたつのを忘れて、あそびに熱中できる環境を保障していくことで、子どもたちは安心して成長していけます。

## (2) 午前のあそびに加えて、「午後あそび」のススメ

子どもたちの体温が最も高まって、心身のウォーミングアップのできる午後3時頃から、戸外での集団あそびや運動が充実していないと、発揮したい運動エネルギーの発散すらできず、ストレスやイライラ感が鬱積されていきます。

そこで、日中は、室内でのテレビ・ビデオ視聴やテレビゲームに替わって、太陽の下で十分な運動あそびをさせて、夜には心地よい疲れを得るようにさせることが大切です。

低年齢で、体力が弱い場合には、午前中にからだを動かすだけでも、夜早めに眠れるようになりますが、体力がついてくる4、5歳以降は、朝の運動だけでは足りません。体温の高まるピーク時の運動も、ぜひ大切に考えて、子どもの生活の中に取り入れてください。

幼児のからだを整えるポイントは、①体温がピークになる午後3～5時頃に、しっかり運動させること、②夕食を早めに食べて、夜8時頃には寝るようにし、遅くとも、午後9時頃までには寝るように促すこと、③朝7時前には起きて、朝食を摂り、ゆとりをもって排便をさせること、④午前中も、できるだけ外あそびをさせることです。

つまり、生活リズムの整調のためには、運動あそびの実践がきわめて有効であり、その運動あそびを生活の中に積極的に取り入れることで、運動量が増して、子どもたちの睡眠のリズムは整い、その結果、食欲は旺盛になります。健康的な生活のリズムの習慣化によって、子どもたちの心身のコンディションも

良好に維持されて、心も落ちつき、カーッとキレルことなく、情緒も安定していくのです。

　ところが、残念なことに、今はそういう機会が極端に減ってきています。この部分を何とかすることが、私たち大人に与えられた緊急課題でしょう。生活は、1日のサイクルでつながっていますので、1つが悪くなると、どんどん崩れていきます。しかし、生活の節目の1つ（とくに運動場面）が良い方向に改善できると、次第にほかのことも良くなっていくというロマンがあります。

　そのために、身体活動や運動を取り扱う幼児体育指導者や幼稚園・保育園の先生方、保護者の皆さんに期待される事柄は、非常に大きいものであると思います。


## (3) 親子ふれあい体操のススメ

　乳幼児期から親子のふれあいがしっかりもてて、かつ、からだにも良いことを実践していくために、1つの提案があります。それは、「親子体操」の実践です（資料1）。まず、親子でからだを動かして遊んだり、体操をしたりする運動の機会を、日常的に設けるのです。子どもといっしょに汗をかいてください。子どもに、お父さんやお母さんを独り占めにできる時間をもたせてください。親の方も、子どもの動きを見て、成長を感じ、喜びを感じることでしょう。他の家族がおもしろい運動をしていたら、参考にさせてもらってください。子どもががんばっていることをしっかり褒めて、自信をもたせてください。子ども

# 第1章 生活リズム向上作戦「食べて、動いて、よく寝よう！」運動のススメ

資料1　親子体操のポスター

にも、動きを考えさせて創造性を培ってください。

　動くことで、お腹がすき、食事が進みます。夜には、心地よい疲れをもたらしてくれ、ぐっすり眠れます。親子体操の実践は、食事や睡眠の問題改善にしっかりつながっていきます。親子体操は、これまでに、いろいろなところで取り組まれている内容です。でも、それらを本気で実践するために、地域や社会が、町や県や国が、本気で動いて、大きな健康づくりのムーブメントを作るのです。こんな体験をもたせてもらった子どもは、きっと勉強や運動にも楽しく取り組んで、さらに家族や社会の人々とのコミュニケーションがしっかりとれる若者に成長していくはずです。

　急がば回れ、乳幼児期からの生活やふれあい体験、とくに運動体験とそのときに味わう感動を大切にしていきませんか。

【文　献】
　1）前橋　明：子どものからだの異変とその対策、体育学研究49、pp.197-208、2004.

# 第2章

# 幼児にとっての運動の役割と効果

　今日、都市化が進むにつれ、子どもたちの活動できる空間が縮小されるとともに、からだ全身を十分に動かす機会も非常に少なくなってきました。咄嗟に手をつくという防御動作がなかなかとれず、顔面に直接けがをする子どもたちが増えてきました。日頃、十分に運動している子どもたちであれば、うまく手をついて、けがをしないように転ぶことができます。ところが、運動不足で反射神経が鈍っていると、手のつき方も不自然になり、まるで発作でも起きたかのようにバターッと倒れ、骨を折りかねません。また、ボールがゆっくりと飛んできても、手でよけたり、からだごと逃げたりできないので、ボールが顔にまともにあたってしまいます。このように、日頃運動をしていない子どもたちは、自分にふりかかってくる危険がわからず、危険を防ぐにはどうすればよいかをからだ自体が経験していないのです。

　幼児というものは、運動あそびや各種運動の実践を通してからだをつくり、社会性や知能を発達させていきます。からだのもつ抵抗力が弱く、病気にかかりやすい幼児に対しては、健康についての十分な配慮が欠かせないことは言うまでもありま

せんが、そうかといって、「カゼをひいては困るから外出させない」「紫外線にあたるから、外で遊ばせない」というように、まわりが大事を取り過ぎて、幼児を運動から遠ざけてしまうと、結果的に幼児を運動不足にし、健康上、マイナスを来たしてしまいます。

　この時期に、運動を敬遠すれば、全身の筋肉の発達も遅れ、平衡感覚も育成されにくくなります。とくに、背筋力の低下が目立つといわれている現在では、運動経験の有無が幼児の健康に大きな影響を与えることになります。それにもかかわらず、現実は、ますますからだを動かさない方向に進んでいるといえます。

　幼児にとっての身体活動や運動は、単に体力をつくるだけではありません。人間として生きていく能力や、人間らしい生き方の基盤をつくっていきます。しかし、基礎体力がないと、根気や集中力を養うことができません。少々の壁にぶつかってもへこたれず、自分の力で乗り越えることのできるたくましい子どもに成長させるためには、戸外で大勢の友だちといっしょに、伸び伸びと運動をさせることが大切です。活発な動きをともなう運動あそびや運動を長時間行う幼児は、自然に持久力育成の訓練をし、その中で呼吸循環機能を高めています。さらに、力いっぱい動きまわる幼児は、筋力を強くし、走力もすぐれてきます。また、からだを自分の思うように動かす調整力を養い、総合的に調和のとれた体力も身につけていきます。

　体力・健康の増進というと、肉体的な面にすぐ目が向けられ

第2章　幼児にとっての運動の役割と効果　37

がちですが、精神的発達や知的発達と密接に結びついていることを忘れてはなりません。外の世界に対して、積極的、かつ、能動的に働きかけるようになり、生きる意欲も高まり、ひいては健康も増していきます。逆に何もしないと、体力は弱まり、気力も衰えます。病気がちでは、内向的にもなりやすいです。健康であれば、自信もつくし、冒険心もついてきます。このように、性格形成にも大きく影響を与えますので、早期における健康・体力づくりは、大変重要だといえるでしょう。

　幼児が行う運動は、それが非常に簡単なものであっても、発達した脳の活動なしには決して行えるものではありません。人間が生きている限り、身体活動は必須であり、それによって、発育・発達をし、生命を維持することができるからです。つまり、幼児期は、少しずつではありますが、身体活動の促進により、自己の生活空間を拡大し、社会性や情緒面の諸能力を可能なかぎり助長している時期なのです。

　このような身体活動の積極的な促進は、人間としての統合的な発達の上で重要な役割を果たしてくれます。もし、発育期の最大の刺激となる身体活動がなされていないならば、幼児の潜在的能力が十分に発揮されないことになります。

　いずれにしても、発達刺激としての運動を実践することは、身体的発達を助長し、さらに、情緒的な発達、社会的態度の育成、健康・安全を配慮する能力などを養い、人間形成に役立っていきます。

　そこで、幼児の健全な心身の発達において、運動あそびや運

*38* 理論編

動実践がどのような役割を果たしているかをみていきましょう。

## 1. 身体的発育の促進

運動とからだの発育・発達とは、切り離しては考えられません。適度な身体活動や運動実践は、身体的発育を促進します。すなわち、全身運動は、生体内の代謝を高め、血液循環を促進し、その結果として、骨や筋肉の発育を助長していきます。

筋肉は、運動によって徐々にその太さを増し、それに比例して力も強くなります。逆に、筋肉を使わないと、廃用性萎縮といって、筋肉が細くなり、力も弱くなります。つまり、筋肉は運動することによって強化されるのです。砂あそびやボール投げ、ぶらんこ・すべり台・ジャングルジム等を利用してのあそびは、特別な動機づけの必要もなく、ごく自然のうちに筋力をはじめ、呼吸循環機能を高め、身体各部の成長を促進していきます。

つまり、運動することによって、体力や健康が養われ、それらが増進されると、幼児は、より活動的な運動あそびを好むようになり、同時にからだの発育が促されていくのです。

## 2. 運動機能の発達と促進

　身体活動をすることによって、それに関連する諸機能が刺激され、発達していきます。しかし、各々の時期に、とくに発達する機能とそうでない機能とがあります。例えば、幼児の神経機能は出生後きわめて著しい発育を示し、生後6年間に成人の約90％に達します。

　運動機能は、脳神経系の支配下にありますから、神経機能が急速に発達する幼児期においては、いろいろな運動を経験させ、運動神経を支配する中枢回路を敷設しておくことが大切です。また、幼児期に形成された神経支配の中枢回路は容易に消えないので、その時期においては、調整力を中心とした運動機能の開発をねらうことが望ましいといえます。

　運動によって運動機能が発達してくると、自発的にその機能を使用しようとする傾向が出てきます。そのことによって、運動機能はさらに高められ、児童期の終わり頃にはかなりの段階にまで発達していきます。

　こうして、多様な運動経験を通して、幼児のからだに発育刺激を与えると、協応性や平衡性、柔軟性、敏捷性、リズム、スピード、筋力、持久力、瞬発力などの調和のとれた体力を養い、空間での方位性や左右性をも確立していくことができます。

　つまり、からだのバランスと安定性の向上を図り、からだの

各運動相互の協調を増し、全体的・部分的な種々の協応動作の統制を図ることができるのです。そして、からだの均整が保たれ、筋肉の協同運動が合理的に行われるようになると、運動の正確さやスピードも高められ、無益なエネルギーの消費を行わないようになります。このように、基礎的運動能力を身につけ、エネルギー節約の方法を習得できるようになります。

## 3. 健康の増進

全身運動を行うことにより、血液循環が良くなり、心臓や肺臓、消化器などの内臓の働きが促進されます。また、運動をくり返すことによって、外界に対する適応力が身につき、皮膚も鍛えられ、寒さに強く、カゼをひきにくい体質づくりにもつながります。

つまり、全身運動は、寒さや暑さに対する抵抗力を高め、体力をつけてからだの適応能力を向上させ、健康づくりに大いに役立つのです。

## 4. 情緒の発達

運動あそびや運動を実践することによって、情緒の発達が促されます。また、情緒の発達にともなって、幼児の運動あそびや運動の内容は変化します。すなわち、運動と情緒的発達との間にも、密接な相互関係が成り立っているのです。

情緒は単なる生理的な興奮から、快・不快に分化し、それら
は、さらに愛情や喜び・怒り・恐れ・しっと等に細かくわかれ
ていきます。そして、5歳頃までには、ほとんどすべての情緒
が表現されるようになります。

　このような情緒の発達は、人間関係の交渉を通して形成され
ます。この初期における人間関係の媒介をなすものがあそびで
あり、中でも、運動あそびを媒介として、幼児と親、きょうだ
い同士、友だち等との人間関係がより強く形成されていきま
す。

　そして、運動あそびや各種の運動実践は、幼児が日常生活の
中で経験する不安、怒り、恐れ、欲求、不満などを解放する、
安全で有効な手段となっていきます。

　なお、心身に何らかの障害をもつ幼児の場合、心配で放って
おけないということから、運動規制が強すぎたり、集団での運
動経験が不足したりしている状態で育っているというケースが
比較的多くみられます。自閉児と呼ばれている幼児の中には、
十分な体力をもちながら、運動エネルギーを不燃のまま自分の
殻の中に閉じ込め、それが情緒的に悪影響を及ぼしているケー
スも少なくありません。

　そこで、こういった経験の不足を取りもどし、幼児の中で眠
り続けてきた運動エネルギーに火をつけ、十分発散させてあげ
ることが、情緒的にも精神的にもきわめて重要です。多動で落
ちつきのない幼児についても、同じことがいえます。大きなつ
ぶつぶの汗が出るほど運動した後は、比較的落ちついてくるも

42　理論編

のです。多動だからといって、無理に動きを規制すると、か
えって、子どもたちを多動にさせていきます。いずれにして
も、運動は健全な情緒の発達にとって、重要な意味をもってい
ます。


## 5.　知的発達の促進

　子どもは、幼い頃からあそびや運動を中心とした身体活動を
通して、自己と外界との区別を知り、自分と接する人々の態度
を識別し、物の性質やその扱い方を学習していきます。また、
対象物を正しく知覚・認識する働きや異同を弁別する力などの
知的学習能力が養われる運動あそびにおいて、幼児は空想や想
像の力を借りて、あらゆる物をその道具として利用します。例
えば、大きな石はとび箱になり、ジャンプ台になり、ときに
は、馬にもなっていくのです。
　このような運動あそびは、想像する能力を高め、創造性を
養い、知的能力の発達に寄与していきます。運動遊具や自然物
をどのように用いるかを工夫するとき、そこに思考力が養われ
ていきます。様々な運動遊具を用いる運動によって、幼児はそ
の遊具の使い方やあそび方、物の意義、形、大きさ、色、そし
て、構造などを認識し、学習していくのです。知的発達におい
ては、自分の意志によって環境や物を自由探索し、チェック
し、試みていくことが重要ですが、ときには指導者が指示を与
え、物の性質やその働きを教えていくことも大いに必要です。

第2章　幼児にとっての運動の役割と効果　*43*

　そして、運動あそびの中で、成功や失敗の経験を積み重ねて
いくことが、知的発達の上で大切になってきます。また、友だ
ちといっしょに運動できるようになると、自然のうちに認知力
や思考力が育成され、集団思考ができるようになります。そし
て、模倣学習の対象も拡大し、運動経験の範囲も広くなってき
ます。幼児は、こうして自己と他人について学習し、その人間
関係についての理解を獲得していきます。さらに、自己の能力
についての知識を得るようになると、幼児は他人の能力との比
較を行うようになってきます。

　生理学的にみると、脳の機能は、細胞間の結合が精密化し、
神経繊維の髄鞘化が進むにつれて向上していきます。神経も、
適度に使うことによって、発達が促進されるという「使用・不
使用の原理」が働いていることを覚えておきたいものです。


## 6.　社会性の育成

　幼児が仲間といっしょに運動する場合、順番を守ったり、み
んなと仲良くしたりすることが要求されます。また、お互いに
守らねばならないルールがあって、幼児なりにその行動規範に
従わねばなりません。運動実践の場では、集団の中での規律を
理解するための基本的要素や協力の態度など、社会性の内容
が豊富に含まれているため、それらを十分に経験させることに
よって、社会生活を営むための必要な態度が身についてきま
す。

*44　理論編*

　つまり、各種の運動実践の中で、指示にしたがって、いろいろな運動に取り組めるようになるだけでなく、仲間といっしょに運動することによって、対人的認知能力や社会的行動力が養われていきます。こうして、仲間とともに運動することで、ルールの必要性を知り、自己の欲求を調整しながら運動が楽しめるようになります。

## 7. 治療的効果

　様々なタイプの運動障害が起こってくるのは、脳から調和のとれた命令が流れない・受け取れないためです。運動障害の治療の目標を運動パターンや動作、または、運動機能と呼ばれているものの回復におき、その状態に応じた身体活動をさせることによって、筋肉の作用、平衡、姿勢、協調、運動感覚（自分のからだの各部が、どんな運動をしているかを認知できる感覚）、視覚、知覚などの、日常における運動を組み立てている諸因子の調和を図ることができるようになります。

　機能の悪さは、幼児が一人で生活できる能力やあそびを楽しむ能力を奪ったり、抑制したりします。そこで、正常で、効率的な活動パターンを運動あそびや運動の実践の中で学んでいくことによって、幼児は能力に見合う要求を満たすことができるようになります。

　また、言葉を発しない障がい児は、思考や感情を十分に表現できないので、種々の運動を用いて感情や情緒の解放を図るこ

とができます。

## 8. 安全能力の向上

運動技能を身につけることは、生命を守る技術を習得していることであり、自己の安全能力の向上に役立ちます。また、ルールや指示に従う能力が育成されてくることによって、事故防止にもつながります。

## 9. 日常生活への貢献と生活習慣づくり

「睡眠をよくとり、生活のリズムづくりに役立つ」「運動後の空腹感を満たす際に、偏食を治す指導と結びつけることによって、食事の指導にも役立つ」「汗ふきや手洗いの指導を導入することによって、からだを清潔にする習慣や態度づくりに役立つ」等、基本的生活習慣を身につけさせることにもつながります。

いろいろな運動経験を通して、幼児に身体活動の楽しさを十分に味わわせることは、日常生活はもちろん、生涯を通じて自ら積極的に運動を実践できるようにします。そして、「からだを動かし、運動することは楽しい」ということを体得させていくことができます。

つまり、力いっぱい運動することによって活動欲求を満たし、運動そのものの楽しさを幼児一人ひとりのものとすると

き、その楽しさが幼児の積極的な自発性を引き出し、日常生活を通じて運動を継続的に実践する意欲づくりや習慣づくりへと発展させることができます。

このように、発達刺激としての運動実践は、身体的発達を助長するばかりでなく、そこから結果として、情緒的な発達、社会的態度の育成、健康・安全に配慮する能力などを養い、人間形成に役立っていく、必要不可欠で、かつ、きわめて重要なものといえます。

# 第3章

# 子どもの発育・発達

## 1. 乳児期の発育・発達と運動

　出生時の体重は約3kgで、男の子の方がやや重い特徴があります。出生時の体重が2.5kg未満の乳児を低出生体重児、1kg未満のものを超低出生体重児といいます。

　体重は、3〜4か月で約2倍、生後1年で約3倍、3歳で4倍、4歳で5倍、5歳で6倍と変化します。身長は、出生時には約50cm、生後3か月の伸びが最も顕著で、約10cm伸びます。生後1年間で、24〜25cm、1〜2歳の間で約10cm、その後、6〜7cmずつ伸び、4〜5歳で出生時の約2倍に、11〜12歳で約3倍になります。

　運動の発達は、直立歩行ができるようになり、様々な形態で移動し、次第に、腕や手が把握器官として発達します。まず、生まれてから2か月ほどで、回転運動（寝返りの前段階）、そして、6か月頃には、一人でお座りができ、8か月頃には、這い這いができ、胴体は床から離れます。つかまり立ち、伝い歩き、直立歩行が可能となりますが、人的環境の積極的な働きかけがあってこそ、正常な発達が保障されるということを忘れて

*48* 理論編

はなりません。そして、小学校に入学する頃には、人間が一生のうちで行う日常的な運動のほとんどを身につけていきます。この時期は、強い運動欲求はありますが、飽きっぽいのが特徴です。

## 2. 反　射

新生時期から乳児期は、大脳の機能が未発達なため、反射的な行動がほとんどです。反射には、成長発達とともに、消失してしまう原始反射があります。

原始反射の代表的なものには、吸テツ反射・検索反射があり、その他にも、把握反射・モロー反射などがあります。原始反射は、脳の発達とともに消失していくものがほとんどです。一般の乳児健診では、脳性麻痺や精神遅滞などの症状の表れとして、参考とされています。

## 3. 発達の順序性

人間の成長は、一定の順序性や方向性があり、「頭部から身体の下の方へ」「中心部分から末梢部分へ」「粗大運動から微細運動へ」にそって進行します。発育・発達には、ある一定の連続性があり、急速に進行する時期と緩やかな時期、また、停滞する時期があります。

運動機能の発達には、3つの特徴が考えられます。

①頭部から下肢の方へと機能の発達が移っていく。
②身体の中枢部から末梢部へと運動が進む。
③大きな筋肉を使った粗大な運動しかできない時期から、次第に分化して、小さな筋肉を巧みに使える微細運動や協調運動が可能となり、意識（随意）運動ができるようになる。

## 4. 幼児期の発育・発達と運動

　幼児期では、神経型だけがすでに成人の約90％に達しているのに対し、一般型の発育はきわめて未熟です（図3-1）。幼児期は、感覚・神経の機能を中心とした協応性や敏捷性、平衡

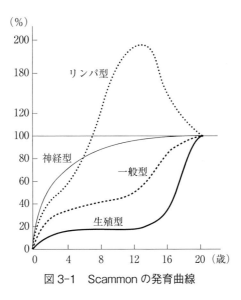

図3-1　Scammonの発育曲線

性、巧緻性などの調整力を身につける動作の習得を運動あそび
の中で学習する必要があります。しかし、筋肉や骨格が、幼児
の段階では、まだ成人の約30％の発育量を示すに過ぎないか
らといって、筋力を使う運動をしてはいけないと誤解してはい
けません。それぞれの年齢に応じた筋力は、身につけることが
必要です。

　運動機能の向上を考える場合、第1に器用な身のこなしの
できることを主眼とします。はじめは、細かい運動はできず、
全身運動が多くみられますが、4〜5歳くらいになると、手先
や指先の運動が単独に行われるようになります。

　5〜6歳になると、独創的発達が進み、さらに、情緒性も
発達するため、あそびから一歩進んで体育的な運動を加味する
ことが大切になってきます。競争や遊戯などをしっかり経験さ
せて、運動機能を発達させましょう。

　跳躍距離は、6歳児になると、3歳児の2倍近くの距離を跳
べるようになります。これは、脚の筋力の発達と協応動作の発
達によるものです。

　投げる運動では、大きな腕の力や手首の力があっても、手か
らボールを離すタイミングを誤ると距離は伸びません。

　懸垂運動は、筋の持久性はもとより、運動を続けようという
意志力にも影響を受けます。

　幼児期では、運動能力、とくに大脳皮質の運動領域の発達
による調整力の伸びがはやく、性別を問わず、4歳頃になると
急にその能力が身についてきます。これは、脳の錐体細胞が4

歳頃になると、急に回路化し、それに筋肉や骨格も発達していくためでしょう。

　発育・発達は、それぞれの子どもによって速度が異なり、かなりの個人差のあることをよく理解しておかねばなりません。また、運動機能の発達は、単に「できる」「できない」のみで判断してもいけません。

　児童期になると、からだをコントロールする力である調整力が飛躍的に向上します。乳幼児期からの著しい神経系の発達に筋力の発達が加わり、構造が複雑な動作や運動が可能となります。運動実践においても、乳幼児期に行っていたあそびから進化して、ルールが複雑なあそびや、より組織的な運動やスポーツ、体育的なプログラムを加味した体育あそびに変化していきます。

## 5. 運動発現メカニズム

　幼児期は、大脳の脳細胞同士の連絡回路がしっかりできていないため、知覚・判断・思考・運動など、高等な動きや情緒をもつことができず、適応行動ができない状態にあります。

　大脳皮質には、運動の型をつくる能力があり、一定の運動をくり返すことによって神経繊維が結びつき、脳細胞間で連絡回路ができ、この回路が、運動の型を命令する中枢となります。目的に合う合理的な運動をするためには、感覚系の働きと、運動を命令する中枢神経系の働きとが重要です。

例えば、自転車に乗ったことのない人は、いくら手足の神経や筋肉が発達していても、自転車にはじめから上手には乗れません。子どもでも、大脳皮質に自転車乗りに適した回路ができると、その命令で運動神経系や筋系がうまく協調しながら働きます。はじめは、バラバラである運動感覚の統合がなされていくわけです。

運動には、意識的運動（随意運動）と、意識とは無関係な反射運動とがあります。運動の発現過程は、情報を伝える働きをする5つの感覚器官（視覚、聴覚、臭覚、味覚、触覚）が外界から刺激を察知し、脳に情報を伝え、認識、分析、調整、判断し、どの筋肉をどのように動かすかの指令を出し、行動を始めます。外からの刺激は、受容器（目や耳、手などの感覚器官）によって感じられ、情報として知覚神経系を通り、大脳に達します。大脳では、それらの情報は比較、判断し、決定がなされた後、命令となって脊髄を通り、運動神経系を通って運動を起こす実行器（筋肉）に達します。結果、筋肉が自動調整されながら収縮し、運動を起こすことになります。そして、その結果は、たえず中枢に送られ、フィードバックされています。

脳が指令を出しただけでは、様々な運動パターンに対応できません。情報を的確に認知し、その指令に従って上手に筋肉をコントロールできる人は、運動神経が優れている人です。的確な指令をすばやく伝達できるか、的外れな指令かによって、同じ目的に向かって筋肉を動かしても、大脳からの指令の違いによって、結果には大きな差が生じます。

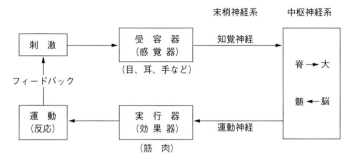

図 3-2　身体運動の発達の過程
〔前橋　明：幼児の体育，明研図書，p.13，1988.〕

　はじめての動作は、ぎこちない意識的動作ですが、くり返すことによってなめらかになり、特別の意識をともなわないでき、しだいに反射的な要素が多くなります。機械的で効率的な動きになっていくのです。以上が運動技術の上達のプロセスです。

　子どもが突然、「ひとり歩き」ができないのに「走る」ことができるというように、順序を変えて進むことはありません。運動機能の発達は、子どもの動作で判断できるため、第三者が観察しやすく、成長発達の段階も捉えやすいのです。しかし、その評価は、成長発達に要する時間が違うことを念頭において、成長を見守りながら行うことが大切です。

# 第4章

# 幼児期の体力・運動能力、運動スキルの発達

## 1. 体　力（physical fitness）

　体力とは何かについては、多くの考え方があり、様々な定義がなされていますが、ここでは、体力とは、人間が存在し、活動していくために必要な身体的能力であると考えてみましょう。つまり、英語のphysical fitnessということばに相当します。このような意味での体力は、大きく2つの側面にわけられます。

　一つは、健康をおびやかす外界の刺激に打ち勝って健康を維持していくための能力で、病気に対する抵抗力、暑さや寒さに対する適応力、病原菌に対する免疫などがその内容であり、防衛体力と呼ばれます。

　もう一つは、作業やスポーツ等の運動をするときに必要とされる能力で、積極的に身体を働かせる能力であり、行動体力と呼ばれます。

　つまり、体力とは、種々のストレスに対する抵抗力としての防衛体力と、積極的に活動するための行動体力を総合した能力であるといえます。以下に、行動体力の機能面について簡単に

第4章　幼児期の体力・運動能力、運動スキルの発達　55

説明します。

## (1) 行動を起こす力

1) 筋力（strength）

　筋が収縮することによって生じる力のことをいいます。つまり、筋が最大努力によって、どれくらい大きな力を発揮し得るかということで、kgで表します。

2) 瞬発力（power）

　パワーということばで用いられ、瞬間的に大きな力を出して運動を起こす能力をいいます。

## (2) 持続する力

　持久力（endurance）といい、用いられる筋群に負荷のかかった状態で、いかに長時間作業を続けることができるかという筋持久力（muscular endurance）と、全身的な運動を長時間継続して行う心肺機能（呼吸・循環機能）の持久力（cardiovascular／respiratory endurance）に、大きくわけられます。

## (3) 正確に行う力（調整力）

　いろいろ異なった動きを総合して、目的とする動きを正確に、かつ円滑に、効率よく遂行する能力のことで、協応性とも、しばしば呼ばれることがあります。また、平衡性や敏捷性、巧緻性などの体力要素と相関性が高いです。

## 1) 協応性 (coordination)

身体の2つ以上の部位の運動を、1つのまとまった運動に融合したり、身体の内・外からの刺激に対応して運動したりする能力を指し、複雑な運動を学習する場合に重要な役割を果たします。

## 2) 平衡性 (balance)

バランスという言葉で用いられ、身体の姿勢を保つ能力をいいます。歩いたり、跳んだり、渡ったりする運動の中で、姿勢の安定性を意味する動的平衡性と、静止した状態での安定性を意味する静的平衡性とに区別されます。

## 3) 敏捷性 (agility)

身体をすばやく動かして、方向を転換したり、刺激に対して反応したりする能力をいいます。

## 4) 巧緻性 (skillfulness)

身体を目的に合わせて正確に、すばやく、なめらかに動かす能力であり、いわゆる器用さ、巧みさのことをいいます。


## (4) 円滑に行う力

## 1) 柔軟性 (flexibility)

からだの柔らかさのことで、からだをいろいろな方向に曲げたり、伸ばしたりする能力です。この能力が優れていると、運動をスムーズに大きく、美しく行うことができます。

2) リズム（rythm）

　音、拍子、動き、または、無理のない美しい連続的運動を含む調子のことで、運動の協応や効率に関係します。

3) スピード（speed）

　物体の進行するはやさをいいます。

## 2.　運動能力（motor ability）

　人間の身体発育や体力・運動能力をみると、それらの発達には、一定の法則があることに気づきます。例えば、人間のからだの機能は、栄養を与えれば、ある程度の発育や発達はしますが、使わなければ萎縮（機能低下）していきます。また、使い過ぎれば、かえって機能障害を起こす恐れがあります。したがって、正しく使えば、発達するということです。

　ここでいう「発育」とは、英語のgrowthであり、身長や体重といった身体の形態的変化（増大）です。また、「発達」とは、英語のdevelopmentであり、筋力や瞬発力が高まったというような心身の機能的変化（拡大）です。

　乳児期の運動発達では、神経組織の発育・発達が中心となり、とりわけ、髄鞘の発育が急速に成就され、大きく関与してきます。

　乳児の身体運動は、四肢の動きに始まり、少したって、頸の動き、頸の筋肉の力が発達して頭部を支え、7、8か月頃になると座ることができ、平衡感覚が備わってきます。続いて、

手・脚の協調性が生まれるとともに、手や脚、腰の筋力の発達によって、身体を支えることができるようになり、這いだします。

這う機能が発達してくると、平衡感覚もいっそう発達して、直立、歩行を開始します。これらの発達には、個人差があるものの、生後1年2、3か月のうちに、この経過をたどります。

幼児期になると、走力や跳力、投力、懸垂力などの基礎的運動能力が備わってきます。はじめは、細かい運動はできず、全身運動が多く、そして、4〜5歳くらいになると、手先や指先の運動が単独に行われるようになります。

こうした幼児の発達段階をふまえて、運動能力を発達させるには、興味あるあそびを自発的にくり返し経験させることが大切です。というのも、3〜4歳頃になれば、運動能力はあそびを通して発達していくからです。

5歳、6歳になると、競争や遊戯などを経験させて、運動機能を発達させるとともに、幼児の体力づくりのための具体的な働きかけも必要となってきます。

ところで、ここでいう「運動能力」とは、全身の機能、とくに神経・感覚機能と筋機能の総合構成した能力と考えてよいでしょう。また、基礎的運動能力として、走力や跳力の伸びがはやく、とくに3〜5歳では、その動きが大きいといえます。

なかでも、走る運動は、全身運動であるため、筋力や心肺機能（呼吸・循環機能）の発達と関係が深く、跳躍運動は、瞬発的に大きな脚の筋力によって行われる運動ですから、その跳躍

第4章　幼児期の体力・運動能力、運動スキルの発達　*59*

距離の長短は腕の振りと脚の伸展の協応力とも関係が深いといえます。跳躍距離に関しては、6歳児になると、脚の筋力の発達と協応動作の発達により、3歳児の2倍近くの距離を跳べるようになります。

　投げる運動では、腕や手首の大きな力があっても、ボールを離すタイミングを誤ると、距離は伸びません。とくに、オーバースローによる距離投げの場合は、脚から手首まで、力を順に伝達し、その力をボールにかけるようにする必要があります。オーバースローによるボール投げは、4歳半以後からは、男児の方の発達が女児に比べて大きくなります。

　懸垂運動は、筋の持久性はもとより、運動を続けようという意志力にも影響を受けます。

## 3.　運動スキルと運動時に育つ能力

### (1) 運動スキル（movement skills）
　幼児期にみられる基本の運動スキルを4つ紹介します。
#### 1) 移動系運動スキル（locomotor skill）
　歩く、走る、這う、跳ぶ、スキップする、泳ぐ等、ある場所から他の場所へ動く技術です。
#### 2) 平衡系運動スキル（balance skill）
　バランスをとる、渡る等、姿勢の安定を保つスキルです。

3) 操作系運動スキル（manipulative skill）

　投げる、蹴る、打つ、取る等、物に働きかけたり、操ったりする動きの技術です。

4) 非移動系運動スキル〔その場での運動スキル〕
　　（non-locomotor skill）

　ぶらさがったり、その場で押したり、引いたりする技術です。


(2) 運動時に育つ能力
1) 身体認識力（body awareness）

　身体部分（手、足、膝、指、頭、背中など）とその動き（筋肉運動的な動き）を理解・認識する力です。自分のからだが、

**運動能力は、体力と運動スキルの総合能力です。**

運動スキルを上げれば、あわせて運動能力も高まっていきます。

園でのあそびの中に
運動スキルが身につく機会を設け、
子どもたちの体力だけではなく、
運動能力も育てていきましょう。

図 4-1　運動能力と体力の関係

どのように動き、どのような姿勢になっているかを見極める力です。

2）空間認知能力（spacial awareness）

　自分のからだと自己を取り巻く空間について知り、からだと方向・位置関係（上下・左右・高低など）を理解する能力です。

# 第5章

# 運動指導のポイント

　幼児期の運動の指導の場で大切なことは、運動の実践を通して、運動技能の向上を図ることを主目的とするのではなく、「幼児がどのような心の動きを体験したか」「どのような気持ちを体験したか」という「心の動き」の体験の場をもたせることが最優先とされなければなりません。つまり、心の状態をつくりあげるために、からだを動かすと考えていきたいのです。

## 1. 指導の基本

　子どもの生活はあそびを中心としたものであり、いろいろな運動あそびの中で経験したことを通じて、幼児体育の目標である身体的・社会的・知的・精神的・情緒的発達が期待できますが、その活動内容は以下のような基本にそって指導することが望まれます。

1）子どもに、運動の楽しさを味わわせることができるような
　環境構成と指導が必要です。
　①子どもが思いっきりからだを使って遊び、楽しかったと思
　　えるような活動的な運動あそびを体験させます。

②運動場面には、未知への挑戦や不安、緊張といった様々な情緒が生起します。できるかな、できないかなと思いながら行ってみた時、これまではできなかった運動ができたときの喜びやうれしかった経験は子どもにとって、大きな自信となり、また行ってみようという次への意欲へとつながります。このような場面に指導者が遭遇したときは、子どもの努力を認め、大いに賞賛することによって、子どもの自己肯定感が芽ばえます。

③競争心が芽ばえる幼児期後期（5～6歳）には、他の子どもとの競争だけではなく、自己の記録に挑戦させることが大事です。

④運動あそびには技術的な向上により、今までにできなかったことができたとき、運動の楽しさや喜びを味わうことができます。

⑤子どものあそびは模倣から始まることが多いですが、自分以外の身近なものや人やキャラクターに変身する楽しさを十分に味わわせます。

2）子どもの心身の発育・発達にとって、刺激となるような運動量を確保することが大切です。

　近年、子どもの運動不足が懸念されています。あそびが成立するためには、仲間、空間、時間の3つの要素が必要ですが、これら3つの要素は、集団での保育が行われている保育園や幼稚園には存在しています。幼児期の子どもには、屋外での友だちとの活発な運動あそびを通して、息をはずませ、汗をかく

64　理論編

程度の運動強度と運動量（歩数など）を確保させることが望まれます。

3）運動動作を獲得させます。

　運動技能は、自然に獲得できるのではなく、その運動技能を必要とする身体活動をくり返し行うことによって獲得できるものであり、獲得した技能が上達するのは、身体活動の反復を何度もくり返すことによるものです。幼児期には、この身体活動をくり返し行うことを、練習ではなく、子ども自身が興味をもって、夢中になり遊び込めるような環境設定を行う必要があります。


## 2．指導内容

　指導の内容は、いろいろなあそびを通じて、子どもが運動を楽しく経験できるものであることが大切です。その内容は、偏りのないようにしなければなりません。

　指導の流れは、一般的には導入、展開、整理の3段階で構成されています。指導者が具体的に注意すべき事項を、以下に列挙してみます。

①十分な空間を確保し、まわりの人や物に当たらないかを確認して、安全に始めましょう。また、安全についての約束事は、始める前に話し合っておきましょう。なお、子どもの服装が乱れていれば、安全のため、整えてから始めましょう。

②恐がる子どもに対しては、無理にさせるようなことは避け、また、できないことでも、がんばって取り組んでいるときは、励ましの言葉をしっかりかけてあげましょう。

③指導者は、子どもの興味を引く話し方やわかりやすい言葉遣いを大切にしましょう。また、話すときは、子どもの目を見て話すようにしましょう。

④指導者が子どもに動きを見せるときには、わかりやすく、大きく、元気に表現することが大切です。そうすると、子どもの方に、してみようという気持ちがでてくるはずです。しかし、子どもは、大人の悪い癖も真似ます。見本に示す動きは、しっかりした正しい動きが良いでしょう。とくに、しっかり伸ばすところは伸ばし、曲げるところは十分に曲げることが大切です。

⑤笑顔で活動して楽しい雰囲気を作り、子どもに「楽しさ」を感じさせることが、大きなポイントです。また、指導者もいっしょになって、心から楽しんで活動することと、活動のおもしろさや楽しさを共感することが大切です。

⑥大人のからだの大きさや力強さを、子どもに感じさせることも大切です。子どもは、大人の力の強さや頼もしさを実感し、いっそう信頼して関わってきます。でも、力の加減も必要です。

⑦動きは、簡単で、しかも、しっかりからだを動かせるものが良いです。時々、からだを上下させたり、まわしたりして、方向も変えてみましょう。

⑧寒いときは、からだが温まるように、動きの多いものにしましょう。

⑨課題は、単純なものから複雑なものへ、少しずつ難易度を増すように配慮してもらいたいです。しかし、時には課題を難しくして、適度な緊張感をもたせることは、動きに対して集中させたり、新鮮さをもたせる点で重要です。

⑩子どもの工夫した動きや体力づくりにつながるような良い動きを見つけた場合には、その動きをしっかり誉めて、子どもに教育的な優越感を与えましょう。

⑪どうしたら、上手にできるかというアドバイスを与えることも重要ですが、時間を与え、子ども自身に解決策を考えさせることも大切です。

⑫子どもがわからないところは、具体的に子どものからだをもって動かしたり、触ったりして教えると、動きが理解しやすいでしょう。

⑬一生懸命しようとしている子どもに、しっかりと対応することが大切です。上手にできている場合やがんばっている場合、工夫している場合は、しっかり誉めていきます。そうすると、子どもはやる気をもったり、誉められたことで自信につながったりします。

⑭身近にある道具や廃材を利用しても、楽しい運動やあそびに役立つことを、子どもに知らせることも大切です。

## 3. 指導者に期待すること

　子どもたちが健康を維持しながら、心身ともに健全な生活を送っていくようにさせるために、指導者の方には、次の４点をお願いします。

①指導者自らが自己の生活を見直して、適度な運動を生活の中に取り入れていくことが大切です。その際、体温リズムを理解したうえで、子どもたちに日中の運動あそびを奨励し、充実させてください。

②手軽にできる運動あそびを、子どもたちといっしょに、実際に行って汗をかいてもらいたいのです。

③子どもが遊びたくなる園庭づくりを工夫したり、テレビ・ビデオ視聴に打ち勝つ運動あそびの魅力や楽しさを感動体験として味わわせてください。

④お迎え時を利用して、親と子がふれあうことのできる簡単な体操を紹介して、家庭での実践につなげてください。

　そのためにも、日頃から運動指導に関する研修会に積極的に参加され、指導者としての研鑽を積んでいただきたいと願います。要は、幼児の健全育成を図っていくためには、指導者層に「運動や栄養、休養」の必要性や、規則正しい生活リズムづくりの重要性のわかる人が、一人でも多く増えていくことが大切なのです。

　人間は、本来、太陽が昇ったら起きて活動し、太陽が沈んだ

ら眠りますが、昼も夜もない夜型社会になって、子どもたち
のからだの方の対応が追いつかなくなってきました。そのため
に、今の子どもたちは、乳児期から睡眠のリズムが乱されてい
ることと、生活環境の近代化・便利化によって、からだを使わ
ないですむ社会になってきたことで、からだにストレスをため
やすい状況になっています。したがって、子どもたちには、太
陽のリズムに合わせた生活を大切にしてやり、昼間にはしっか
り陽光刺激を受けさせて、戸外で運動あそびをさせたいもので
す。

# 第6章

## 子どもたちが外で安全に遊ぶための
## 工夫と運動のつまずき対応

　どうすれば、今日の子どもたちが、安全に外で元気に遊ぶことができるのでしょうか。

　ここでは、子どもたちが戸外で安全に遊べるための工夫を、5つにわけてまとめてみます。

　1）保護者の配慮としては、①子どもたちのあそび場を見守る、②防犯と被害対策の教育をする、③子どもの居場所を把握しておく、④日頃から近所づきあいをする、⑤休日には子どもと遊ぶ、⑥子どもとの間で安全上のルールをつくる。

　2）子どもたちの心得としては、①「いってきます」「ただいま」のあいさつをする、②行き場所を伝えてから遊びに行く、③危険な場所を知っておく、④一人で遊ばない、⑤明るい場所で遊ぶ、⑥人通りの多い所で遊ぶ、⑦家族との約束事を守る。

　3）学校や園の配慮としては、①安全マップを作り、危険か所を子どもに教える、②校庭や園庭を開放する、③校庭や園庭の遊具を充実させる、④地域や保護者と情報を交換する、⑤仲間を思いやれる子を育てるために、道徳教育を充実させる、⑥幼児と児童、生徒が関わり、互いに知り合う機会を作る。

70 理論編

4）地域の方々の配慮としては、①買い物や散歩時などに、子どものあそび場に目を向ける、②110番の家を把握し、その存在を広める、③子どもたちとのあそびのイベントを企画し、交流する（困ったときに手をさしのべられる関係づくりをしておく）。

5）行政の配慮としては、①子どもが遊べる公園は、交番や消防署など、安全管理者の勤務地や大人の目が届く場所の近くに設置する、②注意を呼びかけるポスターを作る、③非常ベルや防犯カメラを公園や遊園地などの子どものあそび場の一角に設置し、安全を見守り、緊急保護をしやすくする、④不審者の育たない国をつくる（教育に力を入れる）。

以上、保護者と子どもとの間で、外で遊ぶときのルールを決め、子どもたちが被害にあわないように予防策を話し合っておくことや、地域の方々との交流や大人の見守りにより、子どもたちに安全な遊び場を提供していくことで、子どもたちが元気に外で遊ぶことができるでしょう。

## 1. 安全に遊ぶための約束

①靴は脱げないように、しっかり履きましょう。
②マフラーはとってあそびましょう。
③ひも付き手袋はとりましょう。
④上着の前を開けっ放しにしないようにしましょう。
⑤かばんは置いて遊びましょう。

⑥上から物は投げないようにしましょう。

⑦先生の許可なしに、飛び下りはしないようにしましょう。

⑧遊具にひもを巻きつけて遊ばないようにしましょう。

⑨濡れた遊具で、遊ばないようにしましょう。

⑩壊れた遊具では、遊ばないようにしましょう。壊れているところを、必ず大人に知らせましょう。

## 2. 運動のつまずきと子どもへの対応

つまずきの悩みの体験に基づいて、指導者がとるべき方法や対応策を考えてみたいと思います。つまずき体験者の経験の一端を、紹介してみます。

Hさんの体験：私は、なかなか自転車に乗れない子でした。幼稚園にいても、友だちが自転車にスイスイと乗る様子をいつも横目で見ていることが多かったです。「乗れない」ことがネックになって、「自分も自転車に乗りたい」という意欲もだんだん消えていったと思います。一度そうなってしまうと、乗りたいけど代わってほしいと言えず、言えないから乗らない、乗らないから上達しない……こんな悪循環になってしまい、それから抜けられなくなって、つまずきになってしまいました。そんな私を見かねてか、母親は、毎日、自転車の練習につきあってくれるようになりました。コマを自転車からはずし、後ろから支えてくれながら、励ましの言葉を忘れずにかけてくれたので

す。その一言一言は、本当にとても励みになっていたと思います。それから、しばらくして、自転車に乗れなかったつまずきは克服し、友だちの前でも堂々とできるようになりました。親の励ましがあったからこそだと思いました。つまずいた幼児には、そのときの環境が克服の鍵だと思います。そのつまずきを見て、のがさず、やる気がもてるような言葉かけをするか、しないかでは、ずいぶん違ってきます。

　Ｎさんの体験：私のように、水の中に無理やり頭を押しつけられると、水やプールがとても恐くなり、恐怖というものへの気持ちがいっそう広がっていきます。運動というものは、やはり自分自身が楽しんで行うことが一番だと思うので、そのためにも、幼児期から無理にさせるのではなく、自然にやりたいなと興味をもって運動を楽しむ環境を作ってあげられたらいいなと思いました。そうすれば、幼児は、自分で楽しいと思い、興味をもったものには一生懸命にがんばって取り組むと思います。そんな気持ちを大切にし、あたたかく見守り、つまずいてしまった子には、励ますようにしていくべきだと考えます。

　Ｆさんの体験：跳び箱が跳べなくて、悔しい思いをしたことがありました。そのとき、私と同じように跳べない子が数人いたのですが、先生の対応といえば、跳べない私たちのことよりも、多数の跳べる子どもたちばかりの方についていたということです。そのときの思い出は、とても悔しくて、１日もはやく

第6章　子どもたちが外で安全に遊ぶための工夫と運動のつまずき対応　　73

跳べるようになりたいと思っていました。

　だから、家に帰って、父に跳び箱になってもらい、練習したことを覚えています。先生としては、もう少し、跳べないでいる子どもに対しての対応を考えなければならないのではないでしょうか。子どもたちに運動の楽しさというものを知らせていき、運動に楽しんで取り組めるような環境を、指導者は作っていかねばならないと思います。

　Ｓさんの体験：鉄棒の逆上がりや跳び箱ができなくて、何度もくり返し練習したものですが、できるまで練習につきあって励ましてくれた先生と、できないまま次の課題へと進めてしまう先生がいましたが、克服できないままだったものは、いまだに苦手だし、嫌いな運動になっています。

　運動時のつまずき調査の結果をまとめてみますと、以下のとおりです。
　①つまずきの場面では、水あそび・水泳、跳び箱、鉄棒、かけっこ、リレー、マラソンごっこ、登り棒、マット運動、ドッジボール、自転車乗り、なわとびの運動場面が、主に取り上げられました。
　②子どもの気持ちを無視して、無理なことをさせたり、上手でないのにみんなが集中して見るような場面を作らない等、子どもがまわりの目を気にせずに活動できる環境づくりが大切です。

③もし、子どもが失敗したら、皆で励ますことのできる雰囲気づくりと環境設定が大切で、運動が好きになれるような関わり方が必要です。それには、日頃より、運動することやからだを動かすことの楽しさ、大切さを第一に知らせることが必要です。

④できない子どもには、少しでも長く接し、自信がもてるように、成功をいっしょに喜び合うことが大切です。具体的には、現段階でその子ができない課題より一段階やさしい課題を与え、それができたときに十分に誉め、子どもに、「できた」という達成感を味わわせます。

⑤運動の苦手な子どもであっても、その子の長所を見つけ、その良い点を他児に紹介することで、自信をつけさせます。このような体験や思いをみますと、子どもたちは、ほんのちょっとしたことでも、悩んだり、傷ついたりしてしまうもので、悩んでいる子どもの気持ちに気づかないと、つまずいてしまった子どもは、ずっと、そのときの嫌な気持ちのままでいることが多いことがわかります。子どもの方が、自分で良い方向に転換できればよいのですが、幼児では、まだ自分自身で気持ちや姿勢の転換を図ることは難しいです。

したがって、まわりの大人の理解と援助が大切といえます。まず、子どもが、こなせなくても一生懸命にがんばっていたら、そのことを誉めてあげたり、励ましたりして、気持ちをプラスの方向へもっていくことが重要といえます。できないとき

第6章　子どもたちが外で安全に遊ぶための工夫と運動のつまずき対応　　75

も、できないことが悪いのではないことと、恥ずかしがらずに
何回も練習をくり返すことの大切さを指導していけばよいとい
えます。そうしていくうちに、たとえできなくても、がんばっ
てするだけで、何かをやり遂げたという満足感を感じられるよ
うになるでしょう。

　とにかく、幼児期は、自由に飛んだり跳ねたりできるように
なる頃ですが、まだまだ思うようにからだを動かせないことが
多いのです。したがって、このような時期には、運動を上手に
することよりも、からだを動かすこと自体が楽しいと思えるよ
うに育てることが大切です。この時期に、運動に対する苦手意
識をもたせることは、子どもたちのこれからの運動に対する取
り組みを消極的なものにしてしまいかねません。

　また、指導者は子どもといっしょにからだを動かすことが必
要です。運動を得意ではない子どもであっても、からだを動か
して汗をかくことは好きなので、からだを動かしていろいろな
楽しみを経験させてあげたいものです。それも、指導者側は、
子どもといっしょに動いて同じ汗を流すことが大切で、指導者
の資質としては、子どもといっしょにできることを、どれだけ
身につけているかが問われるのです。

　要は、つまずきへの対策として、指導者は、できるだけ子ど
もの気持ちの理解に努め、勝敗や記録にこだわるのではなく、
運動の楽しさを伝えられるような指導の仕方を工夫していくこ
とが必要といえます。

実技編

# 第 1 章

# 子どもの楽しい運動・運動会種目

## 1. ウォーミングアップ

　準備運動では、手や足を振ったり、首をまわしたり、ジャンプしたりして、後に行う運動を、安全に効率よく実施できるように、筋肉の緊張をほぐし、関節の可動域を広げ、血液循環をよくし、体温を高めておきます。そのためにも、幼児には、わかりやすい大きな動きのある体操を補っていきます。とくに、幼児の落ちつかない気持ちを和らげることをねらうとよいでしょう。

　実際では、運動ができるように、お互いの距離や間隔を適切にとらせます。準備運動の補助は、できるだけ子どもたちの後ろから行います。前に立つと指導者が見えなくなるし、各補助者が個別に幼児をリードするようになり、幼児の自主的な活動をさまたげる恐れもあるからです。ただし、全く動きを見せない幼児には、補助者による1対1のリードが大いに必要になってくるでしょう。

1）準備運動

　身体各部位を動かして、体温を上げていきます。主の運動で使うからだの筋肉は、しっかりほぐしておきます。

2）姿勢かえあそび

　正座（お母さんすわり）、あぐら（お父さんすわり）、立て膝（忍者すわり）の姿勢を、指示に合わせてすばやく変えて遊びます。

ママ　　　　　　パパ　　　　　　忍者

3）忍者のとび起き

　正座姿勢から両腕を振り上げて、一気に立ち上がります。

4）開いて、閉じて、閉じて

　足は「開く」「閉じる」「閉じる」の運動を、手は「横（水平に）」「下（体側に）」の運動をくり返しながら、手足いっしょに動かします。

5）背中合わせ立ち

　背中合わせになって腕を組み、足を伸ばしてすわります。合図ですばやく立ちます。

## 6) キノコ体操

キノコが成長する様子を、動きを通して経験させます。

## 2. 2人組からだ動かし

### 1) パチパチ・トントン

両手で手拍子を打ち、握手をした後、指示された運動（押し合い、引っ張り合い等）を行います。

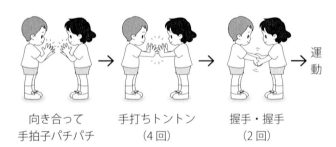

2) ジャンケン手たたき

左手で握手をし、右手でジャンケンをします。ジャンケンに勝ったら、握手している相手の手の甲をたたきます。負けた子は、手の平で防御をします。

勝　　　負　　　負けた子は防御

3) ジャンケン世界一周

ジャンケンで負けたら、片足を上げて相手にもってもらい、ケンケンで相手のまわりを1周まわります。

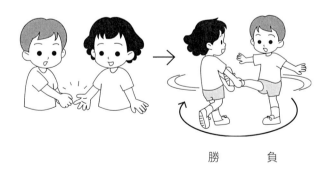

勝　　　負

*84　実技編*

4）ジャンケン股くぐり

　2人1組でジャンケンをし、負けたら、勝った子のまたの下をくぐり抜けます。足ジャンケン・表情ジャンケン・身体ジャンケンでも、行ってみましょう。

5）しっぽとり

　2人は、タオルをズボンのベルト部分にはさみ、片手を握手の要領でつなぎ合います。スタートの合図で、タオルを取りに行きます。お互いにタオルをとった方の勝ちです。

　［メモ］・タオルは、踏んで滑ると危険なので、床に届かないようにしましょう。

## 3. 親子体操

1) 足跳びまわり

①大人は、足を伸ばして座り、子どもは、親の足の上を、両足で踏み切って跳び越えて一回りします。

②跳べたら、大人は少しずつ足を開いていきます。
子どもは、どのくらい遠くまで跳べるかな？

③できたら、後ろ向きの両足跳びやケンケン跳びでも挑戦してみましょう。

2) 跳び越しくぐり

①子どもは、座っている大人の足の上を跳び越えたら、大人は座った状態でお尻を浮かせてトンネルをつくり、子どもは大人のお尻の下（トンネル）をくぐり抜けます。

②子どもがお尻の下をくぐるときに、お尻で通せんぼをして

もおもしろいでしょう。

③お尻だけでなく、いろいろなところをくぐってみましょう。大人は、いろいろなトンネルを作ってあげましょう（腕立てトンネル、片手トンネル）。

腕立てトンネル　　　　　片手トンネル

3）グーパー跳び

①子どもは、大人の足をまたいで向かい合って立ちます。

②「せーの」の合図で、大人は両足を開き、子どもはジャンプして両足を閉じます。

③この動作を、声をかけ合いながらくり返します。2人の呼吸とリズムの取り方がポイントです。

④上達したら、子どもは、親に背を向けて行ってみます。

4）空中かけっこ

①大人と子どもは、向かい合って長座姿勢になります。

②子どもは右足（または左足）を曲げ、左足（または右足）は伸ばしたままにしておきます。

③大人は、子どもが曲げている足の裏に自分の足の裏を合わせて伸ばし、子どもの伸ばした足の裏に自分のもう一方の足を合わせて曲げます。

④お互いに足の裏が離れないように近づきながら、このままの状態で空中に足を上げます。

⑤空中でかけっこをするように、足を交互に曲げたり、伸ばしたりします。

　［メモ］かけ足のリズムをとるために、「1・2・1・2…」と、声をかけ合いながら行うと良いでしょう。

5) しゃがみずもう

①子どもと大人は、向かい合ってしゃがみます。

②しゃがんだ状態で、両手を合わせ、足の位置を動かさないように、お互いに押し合いをします。

③押し倒されたり、押しそこなったりして、足が床についたり、足が動いたりすると、負けになります。

6) 足ふみ競争

①2人で向かい合って、両手をつなぎます。

②合図で、子どもは大人の足を踏みに行きます。大人の足を踏めたら、逆に大人が子どもの足を踏みに行く番です。

③今度は、お互いの足を踏みに行きます。お互いに足を踏まれないように逃げながら、相手の足を踏もうとします。

7）お尻たたき（タオル）

①大人は、子どもと左手をつなぎ合います。

②子どもは、「よーい、ドン」の合図で、右手で大人のお尻をたたきに行きます。

③今度は、子どもが逃げる番です。大人は、右手で子どものお尻をたたきに行きます。

④慣れてきたら、お互いに右手で相手のお尻をたたきに行きます。相手のお尻をたたきに行くだけでなく、自分のお尻もたたかれないように逃げます。

［メモ］・相手を自分の方に引き寄せるようにすると、たたきやすいことを学習させましょう。

・大人が子どもの腕を引っぱるときは、急に引っぱらないようにしてください。

・つなぎ合う方の手を換えて、試してみましょう。

・慣れてきたら、お互いが手をつなぐかわりに、タオルを持ち合って、活動範囲を広くしてみましょう。

8）丸太たおし
　①大人は、仰向けに寝て、両足を大木がそびえ立つように、床面と垂直に足を上げます。

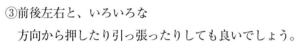

　②子どもは、大木（大人の両足）が床につくまで倒します。
　③前後左右と、いろいろな方向から押したり引っ張ったりしても良いでしょう。
　④慣れてきたら、大人は、手を床面にしっかりつけて行います。
　　［メモ］子どもも丸太になって、大人が丸太（子どもの両足）を倒し、自然な形で子どもの腹筋の強化を図ってみましょう。大人は、子どもの両足首のあたりを持ち、ゆっくり倒していきます。子どものつま先が床につくまで倒していきましょう。

9) 腕立て握手
　①子どもと大人は、向き合って腕立ての姿勢になります。
　②右手を床から離して握手をしましょう。できたら、次は左手で行ってみましょう。
　③腕立て握手状態から、引っ張りずもうをします。
　④両手を床から離して、ジャンプもしてみましょう。

10) 手押し車 → 出会った子どもと握手 → でんぐり返り
　①手をついて、両足を持ってもらって歩きます。
　②出会った友だちと握手をして、その後、でんぐり返りをします。

11) タオル引き
 ①寝っころがった大人の足にはさんだタオルを引っ張って取ります。
 ②今度は、子どもが足にタオルをはさんで、大人が引っ張ります。

## 4. 廃材を使った運動あそび

1) 新聞ランナー（新聞紙）
 新聞紙を開いて、胸の前に置き、落とさないように、両手を上げてバンザイをして走って競走します。

## 2) 新聞ボールづくり（新聞紙：2）

新聞紙2枚を1枚ずつ、からだの両側の地床上に置きます。片手で1枚ずつ握り、立ったまま、両手を横にして伸ばし、丸めて新聞ボールを作ります。肘を曲げずに、小さなボールを作ります。

## 3) 新聞ボールキャッチ（新聞紙）

新聞紙を開いて、花をまくように巻いてメガホン状にして、握り部分を作ります。広がった部分は、中に折り込んで強くし、グローブを作ります。作った新聞グローブで、新聞ボールをキャッチして遊びます。

4) レジ袋バレー（レジ袋）

　レジ袋の中に空気を入れてふくらまし、握り部分を結んで、レジ袋風船バレーをします。

5) レジ袋風船キャッチ（レジ袋：2）

　2人が向かい合い、それぞれのレジ袋風船を各自が空中について上げ、走って移動して、パートナーのレジ袋風船をキャッチします。

6) エプロンキャッチ（エプロン、新聞紙）

エプロンを使って、新聞紙を丸めて作った新聞ボールを受け取ってキャチボールをします。

7) ポリ容器キャッチ（洗剤、牛乳容器）

使った容器の中を洗い、底を切り取って、逆さまの状態でグローブに見立ててキャッチボールをします。容器のふたを、ボールにします。

## 5. 運動会種目

1）聖火リレー

①逆さにしたペットボトルの底面（底面は切り取る）に乗せたボール（聖火）を落とさないようにして、走ってコーンをまわって帰ってきます。

②次の子は、聖火を受け取り、同様にコーンをまわってもどってきます。

・途中でボールを落としたら、落とした所から、再度、挑戦してください。

③一番はやく、メンバー全員がもどってきたチームの勝ちです。

2）股くぐり競争

　2人でいっしょに手をつないでスタートし、折り返し地点で、子どもが親の股の下をくぐってから、親が子どもをおんぶしてもどってくる競走。

3）手つなぎ折り返し競走

　折り返しのコーンを回ってもどってきたら、列の後ろを回り、先頭の子と手をつなぎ、続けて走ります。これをくり返し、全員がいっしょに走ってもどってきたら、終わりです。

4) カンガルーの宅配便（ボールはこび競技）

親がボールを2個、子どもはボールを1個もって、いっしょに折り返し地点まで走ります。折り返し地点から、親は2つのボールを両わきに抱え、子どもから1個のボールをもらって足ではさんで、もどってきます。親がボールを落としたら、親はその場で止まり、子どもは、ボールを取りに行って、ボールを親に渡して、競技を続けます。

5) ピーナッツボールころがし

①チームごとに1列で、スタートラインの手前に並びます。
②「よーい、ドン」の合図で、1人がフラフープの中のピーナッツ型のボールを足で転がして進み、中間地点と折り返し地点のコーンをまわってもどってきます。
③スタート地点にもどったら、フラフープの中にピーナッツ型のボールを入れて、次の子と、手でタッチをして交代します。

④最後の１人が、スタートラインにもどって、フラフープ
　の中にボールを入れるまで、競技を続けます。

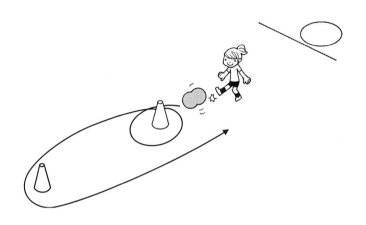

6) 股開きレース・寝ころび競走・足上げ競走

　チーム対抗で、１チーム６人で構成します。チームのメンバーは、スタートラインの手前に１列に並びます。スタートの合図で、一番後ろから前に移動し、スタートラインを超えて大股で一歩を踏み出します。足を踏み出すと同時に、手をたたきます。手をたたきながら、大きな声で「ハイ！」と合図します。その合図と同時に、一番後ろに位置している子が、続いて前に移動し、先頭の子の足に片足を添えて大きく一歩を踏み出します。これをくり返し行いながら、折り返し地点を回って戻ってきます。早くスタートラインに足を踏み入れたチームが勝ちです。

寝ころんでからだをつなげていく寝ころび競走や、片足を上げ、次の子に両手でもってもらってつなげていく足上げ競走も楽しいです。

7）たおして　おこして　おんぶして（親子障害物競走）

　手押し車になった子どもの足を持ち、ペットボトル（ボウリングのピン）の位置まで進みます。子どもがペットボトル（ピン）を倒し、親子で手をつないでコーンをまわってもどります。帰りは、親が倒れたペットボトル（ピン）を立てて、子どもをおんぶしてゴールします。

## 8) 小まわりくんの丸太運び

　3人1組で、長いシューター（丸太）を、両手で持ち、折り返しコーンを回ってもどってきます。折り返し地点からは、シューターを股に挟んでもどってきたら、列の後ろを回り、先頭で、シューターを渡してリレーします。

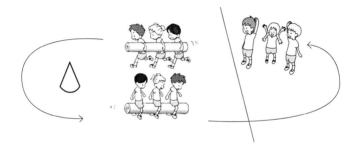

## 9) 今日も安全運転（目隠し競走）

　3人組になり、前の2人は目隠しをして、1列に並びます。一番前の子は、フープ（ハンドルに見立てる）を持って運転手になり、一番後ろの子は、声を出して誘導します。

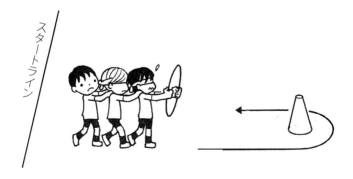

10) 大わらわの輪（フープ送り競争）

　チームごとに横向きで手をつなぎ、列の最後尾の子から手を離さないようにして、大型フラフープをからだで前に送っていきます。先頭の子は、フープを手にすると、フープを持って走り、コーンをまわってもどってきます。そして、列の最後尾から手をつないでいるチームメイトのからだを通しながら一番前の子どもにフープを渡し、リレーをします。

11) 魔法のじゅうたん

　大型バスタオルの上に子どもを乗せて、親2人がバスタオルを引っぱって子どもを運ぶリレーをします。走者は、2人1組です。

## 12）ふたりでひとり

①スタートラインの手前に、フラフープを置き、チームごとに2列になって並びます。

②先頭のペアは、手をつなぎ、もう一方の手で、それぞれ手型（ラケットで可）を持ちます。

③「よーい、ドン」の合図で、ペアが手型を使ってフラフープの中のボールを持ち上げて運び、コーンをまわってもどってきます。

④スタート地点にもどったら、フラフープの中にボールを置き、次のペアに手型を渡して交代します。

⑤全部のペアが終わるまで、競技を続けます。

### 13）ラッコの波乗り

　4人のラッコが上を向いて1列で寝転がり、足首をつかみます。2人組で、タオルの端をもち合って、連なった4匹のラッコのからだの下をタオルを通してリレーをします。

### 14）トビウオの波きり（4人トビウオ）

　チームごとに4人が1列になってうつ伏せで寝ころびます。そして、チームメイトの足首を持ち、離さないようにしてトビウオになります。他の子は、2人ずつ大型のタオルを持って、トビウオの下を通してリレーします。折り返して帰ってきたときに、一番早いチームが優勝です。

## 15）チーム対抗しっぽ取り

　自分のチームの色のしっぽを腰につけます。一定時間内に他のチームのしっぽをできるだけ多く取ったチームの勝ちです。取ったしっぽは、自分のチームの陣地に持ち帰って数えてみます。

16) ゴー！ゴー！ハリケーン（棒はこび競走→フープ通し競争）

　2人でハリケーンの棒を持ち、コーンをまわってもどってきます。もどってきたら、棒をチームメイトの足の下をくぐらせて、最後尾まで運びます。そして、今度は、チームメイトの頭の上を通して、先頭の子に渡して、リレーをくり返します。

# 第2章
## 身近なものを使った運動あそび

　タオルやスーパーのレジ袋など、生活の中でふれる身近な用具や新聞、ペットボトル等の廃材として出てきたものを運動用具として用いた運動あそびを紹介します。身近な用具は、可塑性にも富み、自由に変化を楽しむことができます。また、子どもにも取り扱いが容易であり、それを使った運動あそびは、物の性質を知るとともに、知的好奇心や探索欲求を満足させ、表現能力を豊かに育むことにもつながります。これは、子どもが、元来、あそびとする原点でもあります。

　廃材を利用して子どもといっしょに作った遊具は、あそびへの強い興味づけとなり、運動あそびの苦手な子どもが自然とからだを動かすことにもつながります。

### 1. タオル乗せあそび

【あそびで育つもの】
・操作系運動スキル（身体各所に乗せて持つ）の向上
・移動系運動スキル（持って歩く）の向上
・柔軟性や身体認識力の育成

【あそびの準備】

　フェイスタオル（人数分）

【あそび方】

　①タオルを4等分にたたみ、頭上や背中、お腹などに乗せて歩きます。

　②あそびに慣れたら、走ってみます。

【メモ】

　・2人組で手をつないで、行ってみます。

　・折り返しのリレーをして、競争を楽しんでみましょう。

## 2. タオルとり

【あそびで育つもの】

　・操作系運動スキル（這わすように動かす）の向上

　・敏捷性、協応性、スピード、巧ち性、集中力、空間認知能力の育成

　・協調性や協力性、相手を認める等、社会性の育成

第 2 章 身近なものを使った運動あそび　*109*

【あそびの準備】

スポーツタオル（2人に1本）…縦長に巻き、輪ゴムで数か所を止める

輪ゴム（適宜）

中央ライン（1）、補助ライン（2）

【あそび方】

① 2チームに分かれ、中央ラインにタオルを置き、補助ライン上に立ち、向かい合って準備します。

② 合図で、走ってタオルを取りに行き、補助ラインまで引っ張って運びます。多く取れたチームの勝ちです。

【メモ】

・タオルの取り合いになったら、綱引きの要領でお互いが引き合います。

・時間内に補助ラインまで運べなかったら、ジャンケンで決めましょう。

・初めは、タオルの数を多めに準備して、多くの子が取れるように配慮しましょう。

## 3. レジ袋キャッチ

レジ袋は、広げたり、たたんだり、膨らませたり、しぼったり等、様々に変化させることにより、あそびのレパートリーが広がります。

【あそびで育つもの】
・操作系運動スキル（投げて取る）の向上
・巧ち性や敏捷性、協応性、柔軟性、身体認識力、空間認知能力の育成

【あそびの準備】
スーパーのレジ袋（人数分）

【あそび方】
①広げたレジ袋の持ち手部分を片手で持ち、高く投げ上げてキャッチします。
②頭や背中、足などでキャッチします。
③子どもは、腹ばいや上向き、後ろ向き等、様々な

第 2 章　身近なものを使った運動あそび　111

ポーズでキャッチの準備をし、指導者が高く投げ上げたレジ袋をキャッチします。慣れてきたら、遠くから走ってきてキャッチします。
【メモ】
・慣れてきたら、子ども同士で 2 人組になって行いましょう。

## 4. レジ袋キックバレー

【あそびで育つもの】
・操作系運動スキル（蹴る・つき上げる）の向上
・協応性や巧ち性、敏捷性、身体認識力、空間認知能力の育成

【あそびの準備】
　スーパーのレジ袋（人数分）

【あそび方】
①広げたレジ袋を足で蹴ります。慣れてきたら、交互の足で蹴ります。
②手のひらで落とさないようにつき上げます。慣れてきた

ら、左右の手で交互につき上げます。

③両手や両足を使って、落とさないようにつき上げたり、蹴ったりします。

【メモ】

・慣れてきたら、子ども同士で2人組になって行います。どのグループが長くついていられるかを、競争してみましょう。

## 5. シッポとり

【あそびで育つもの】

・操作系運動スキル（相手のシッポを取る）や移動系運動スキル（素早く走る）の向上
・敏捷性や協応性、スピード、身体認識力、空間認知能力の育成

【あそびの準備】

　スーパーのレジ袋（人数分）…横に折りたたみ、棒状にしたものをシッポに見立て、腰に挟みます。

【あそび方】

①スタートの合図でお互いのシッポを取り合います。取られても、終了の合図があるまであきらめないで取り続けま

す。
　②終了後、取った本数を聞いていきます。一番多く取れた子が優勝です。
【メモ】
　たくさん取れた友だちを、皆で褒めましょう。

## 6. ラケットでボールころがし競争

【あそびで育つもの】
　・操作系運動スキル（ラケットでボールをころがす）の向上
　・巧ち性や協応性、調整力、集中力、空間認知能力の育成

【あそびの準備】
　スポンジボール（20）
　ラケット（2〜4）
　カラーコーン（2〜4）
【あそび方】
　①ライン上にスポンジボールを置き、ラケットを振って、できるだけ遠くへころがします。
　②一番遠くにころがっていった場所へカラーコーンを置き、スポンジボールはひろって帰ります。

③順番に行い、一番遠くにころがった場所にカラーコーンを
移動させていき、一番遠い子を勝ちとします。前の子より
近い場合は、スポンジボールだけひろって帰ります。

【メモ】

　・ラケットは、グリップの部分を握るようにします。

　・最初は両手で握り、慣れてきたら片手で握り、行ってみま
しょう。

　・ラケットを振るので、まわりの子に当たったり、手から離
れたり等して危険性が増します。安全に配慮しましょう。

## 7. ティーボールあそび：サークルラン

　ボールとコーンがあったら、どのようなあそびができるで
しょうか。ボールをコーンの上に乗せて、固定されたボール
を、手やバットで打ってみましょう。ティーの上にボールを乗
せて、そのボールをバットで打って、ソフトボールや野球のよ
うに運動します。

　このティーボールへ結びつく、幼児期のティーボールあそび
は、子どもたちのからだの調整機能を高め、体力を向上させ、
さらには、創造性や協調性をも育むことができる魅力的な運動
あそびです。

【あそびを通して育つもの】

　協応性、瞬発力、操作系運動スキル、移動系運動スキル、空
間認知能力

【準備するもの】
　バッティングサークル（1）…直径2ｍ
　コーンまたはバッティングティー（1）
　ソフトバレーボール（1）
　プラスチックバット（1）
　円コート（1）…直径15〜20ｍの円
【あそび方】
　①同数になるように2チームに分かれ、攻撃と守備、バッターの順番をジャンケンで決めます。

②攻撃チームの最初のバッターは、バッティングサークルの
中に入り、他の子はベンチで打順を待ちます。守備チーム
は、円コートの外に分かれて立ちます。

③バッターは、ボールをできるだけ遠くに打ち、バットを
バッティングサークル内に置いて、円上を反時計まわりに
走ります。守備の子は、ボールを捕りに行き、捕ったら
ボールを両手で持ち上げて、「ストップ！（とまれ）」と言
います。この合図で、バッターは、その場で止まります。

④次のバッターが打ったら、前のバッターもその場から円に
沿って走ります。1周してバッティングサークル内に入っ
たら、1得点とします。

⑤攻撃チームの子が、全員1回ずつボールを打ったら、守
備と攻撃を交代します。

⑥得点の多いチームの勝ちです。

【メモ】

・あそびに慣れたら、円の大きさを大きくしたり、対戦数を
増やしたりして遊んでみましょう。

・ボールを打ったら、時計まわりに走ることも行い、動きに
偏りをもたせないようにしましょう。

## 8. ティーボールあそび：ボールコレクター

【あそびを通して育つもの】

　協応性、瞬発力、敏捷性、スピード、操作系運動スキル、移動系運動スキル、空間認知能力

【準備するもの】

　バッティングサークル（1）

　一塁サークル（1）…バッティングサークルとラインで結び、ファウルラインとします。

　コーン（1）…バッティングサークルの中に置きます。

　ソフトバレーボール（6）

　バット（1）

　ファウルライン（2）

【あそび方】

　①みんなで、同数になるように、2チームを作ります。

　②チームの代表が出てジャンケンをし、先攻と後攻を決めます。

　③後攻のチームは、全員守備につきます。

　④先攻のチームは、打順を決め、一番から順に、バッティングサークルに入り、コーン上のボールを思い切り遠くに打ちます。打ったら、バットを置き、一塁サークルに向かって走り、一塁サークルの中のボールを1個もって、バッティングサークルにもどります。

⑤守備の子は、打たれたボールを捕ります。ボールを捕ったら、そのボールを持って、バッティングサークルに走り込みます。

⑥攻撃チームがバッティングサークル内に早くもどったら、1点が入ります。守備チームが早かったら、攻撃チームの得点は0点です。

⑦攻撃チームのメンバー全員が打ち終えたら、攻守を交代します。両チームのメンバー全員が打ち終えたときの合計得点を競います。

【メモ】

・子どもたちがルールを理解し、あそびに慣れてきたら、1回戦だけでなく、数回戦行うと楽しいでしょう。

・守備チームは、ボールを捕った子がボールを持って走るだけでなく、ボールをパスしてバッティングサークルまで運んでもよいでしょう。

・バッターがボールを持ってバッティングサークルにもどってきたら、サークル内にボールを置いて、もう一度、一塁サークル内のボール（1個）を取りに行くというルールにしてもよいでしょう。その場合、守備者よりも早くバッティングサークル内に持ち帰ったボールの個数を得点とします。

・バッティングサークルと一塁サークルの折り返しだけでなく、二塁サークルを設けて、その二塁サークル内に両足を踏み入れてから、バッティングサークルにもどるというバ

リエーションも楽しんでみましょう。
・ボールの大きさや重さ、コートの広さ、バッティングサークルと一塁サークル間の距離は、子どもたちの運動能力のレベルに応じて変えてください。

# 第 3 章

# リズム・表現

## 1. まるまるダンス

〈前奏〉

2人が手をつないで大きな丸をつくり、膝を軽く曲げてリズムをとる

（1番）にひきのいぬが

①つないだ両手の片方を上にあげ、丸の中から顔をのぞかせる

第3章　リズム・表現　121

けんかをしてる

②反対側でも同様にする

タローはワンワン

③向かい合って、胸の前で両手を合わせて大きく丸を描くように、腕を1回まわす

ワンワン

④両手を4回合わせる

パピーはバウワウ　バウワウ

③、④のくり返し

122　実技編

⑤左右交互に4回、両足をそろえて軽くジャンプをする

〈間奏〉
前奏の動きと同じ
2番・3番・4番は1番のくり返し

（例）

最後のポーズは、自由に丸をつくる

【ねらい】
・お互いの腕や手を使って、様々な丸の形を作る楽しさを味わいます。
・自分の好きな大きさの丸を自分のからだで作ることで、自己表現力を養います。

第3章　リズム・表現　*123*

【特徴】

・丸を作ることで、"円"の概念が定着できます。

【創作過程での配慮】

・屈伸運動や跳躍、ストレッチ等、準備運動にも使うことの
できる動きを取り入れました。

・子どもが楽しみながら自己表現できるよう、最後に好きな
丸を作る場面を設定しました。

| 曲　　名 | バウ　ワウ　ワン |
|---|---|
| 作詞者名 | 村田さち子 |
| 作曲者名 | 平尾　昌晃 |
| 編曲者名 | 渋谷　　毅 |
| Ｃ　Ｄ　名 | NHK　おかあさんといっしょ　スーパーベスト 16 |
| 発　売　元 | PONY CANYON INC. |

## 2. 花のお国の汽車ぽっぽ

〈前奏〉

親は、子の後ろに立って子の肩に手をのせ、4拍リズムをとる

5拍目から、子は腰の横で手をまわし、2人は汽車になって動き出す

（1番）あねもね　えきから
　　　（右足出して）

きしゃぽっぽ
（手はトントン）

①向かい合って両手をつなぎ、右足を前に出してかかとをつけて、もどす

②手を1人で1回打った後、両手を2人で2回合わせる

第3章 リズム・表現 125

さくらそうのまち　　　　　　　はしってく
　（左足出して）　　　　　　　（手はトントン）

②と同じ

①の逆をする
左足を前に出してかかとをつけ
て、もどす

ぽっぽっ　ぽっぽっ　ぴい　　　ぽっぽっ　ぽっ

③両手をつなぎ、親が軸になっ　④正面を向いて片手をつなぎ、
て子を時計まわりに1周まわす　2人合わせて、前→後ろ→前→
（持ち上げなくてもよい　　　　前→前と両足跳びをする
　脇の下を支えてまわしてもよい）

〈間奏〉

前奏と同じ

2番、3番、4番は、1番のくり返し

最後のポーズ

親が子の前にまわり、子の脇を抱えて持ち上げる

【ねらい】
- 親子で汽車になることにより、ごっこあそびをしながら、スキンシップを図ります。
- 自由に空間を移動させることにより、自主性や空間認知能力を養います。

【特徴】
- 模倣を通して、汽車あそびの楽しさを味わうことができます。

【創作過程での配慮】

・汽車の動きを、曲のリズムや歌詞に合わせて、自由に表現
　できるよう、工夫しました。

・動と静の動きを簡潔にし、理解しやすいようにしました。

・「高い高い」の動きを最後に取り入れ、子どもに満足度が
　得られるようにしました。

| 曲　　　名 | 花のお国の汽車ぽっぽ |
|---|---|
| 作詞者名 | 小林　純一 |
| 作曲者名 | 中田　喜直 |
| 編曲者名 | 石川　恵樹 |
| Ｃ　Ｄ　名 | '94 運動会　アニメ体操 No.2 |
| 発 売 元 | 日本コロムビア株式会社 |

## 3. ぽかぽかてくてく

〈前奏〉

4人が手をつないで輪になり、その手を前後に揺らしてリズムをとる

さあ（さあ）

①時計まわりに2歩歩いてまわり、ジャンプする

いこう（いこう）

①のくり返し

ぽかぽか　おひさまてってる

②①の逆をする。時計と反対まわりに2歩歩いて、ジャンプする（2回）

さあ（さあ）

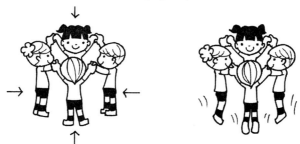

③手をつないだまま、真ん中に2歩寄っていき、ジャンプする

いこう（いこう）

後ろに2歩もどってジャンプする

てくてく　どこまでも

④腰に手を当て、それぞれが両足をそろえてその場で時計まわりに4回跳んで1周する（1回で90°回転し、4回でもとにもどる）

〈間奏〉

8人で輪になり、手をつないで前後に振りながら、足踏みをする。
2番は隣のグループと合体し、8人でくり返す

第3章 リズム・表現　*131*

最後のポーズ

〈間奏〉

みんなで輪になり、手をつないで前後に振りながら、足踏みをする。3番は、全員でくり返し

みんなで手をつないだまま、両腕を上にあげ、バンザイをして終える

【ねらい】
・親子から他者へと、かかわりを広げさせ、協調性やコミュニケーション能力を養います。
・空間を様々に移動させることによって、空間認知能力を養います。

【特徴】
・リズムに合わせたジャンプを、空間移動をしながら行うことによって、弾むような心地よさを体験できます。
・他人とのふれあいによって、人とのつながりや親近感を味わうことができます。
・人数を自由に変えて活動する楽しさを味わうことができます。

132 実技編

【創作過程での配慮】

・「ぽかぽか」のイメージを大切にし、ジャンプをくり返し取り入れました。

・人とふれあうことによって、協調性を養うことができるよう、少しずつ人の輪を広げていきました。

| 曲　　　名 | ぽかぽかてくてく |
|---|---|
| 作詞者名 | 阪田　寛夫 |
| 作曲者名 | 小森　昭宏 |
| 編曲者名 | 小森　昭宏 |
| Ｃ　Ｄ　名 | どうよう　ベストセレクション② |
| 発　売　元 | 日本コロムビア株式会社 |

第3章 リズム・表現 *133*

## 4. まっかなおひさま

〈前奏〉

2人は手をつないでリズムをとる

（1番）おひさまのぼる

①2人の両手のひらを胸の前で合わせて、円を描くように腕を大きく1周まわし、もとにもどったところで手を2回合わせる

きらきらのぼる

①のくり返し

みんなみんなさめた

②両手をつないで、左足のかかとを斜め前につけてもどし、右足もくり返す（2回）

134　実技編

おめめがさめ　　　　　　　　　　　た

③糸まきをしながらしゃがみ、勢いよく立ち上がって両手を大きく
ひろげる

　　おひさま　おはよう！　　　　　おひさま　おはよう！

　　①のくり返し　　　　　　　　　①のくり返し

〈間奏〉

2人は手をつないで、自由に歩きまわる

2番はくり返し

〈間奏〉

2人は手をつないで、後ろ向きで自由に歩きまわる

3番もくり返し

*136* 実技編

〈間奏〉　　　　　　　　　最後のポーズ

手をつないで、スキップしなが　　　抱き合う
ら自由にまわる

【ねらい】
・歩いたりスキップをしたりすることで、空間の広がりを認識します。
・手をつないだり抱き合ったりすることで、2人のスキンシップを図ります。

【特徴】
・自由に空間を移動することによって、開放感を味わうことができます。
・間奏では、工夫した動きを自由に取り入れ、活動に広がりをもたせています。

【創作過程での配慮】
・単純な動きを多く取り入れ、動きを覚えやすくしました。
・手を合わせて円を描くことで、おひさまの暖かさを表現し

ました。

・抱きしめ合うことによって、互いの情緒の安定を図るよう
にしました。

| 曲　　名 | まっかなおひさま |
|---|---|
| 作詞者名 | 武鹿　悦子 |
| 作曲者名 | 小森　昭宏 |
| 編曲者名 | 小森　昭宏 |
| Ｃ　Ｄ　名 | '94 運動会　あひるサンバ |
| 発　売　元 | 日本コロムビア株式会社 |

## ■著者紹介

前橋　明（まえはし・あきら）

早稲田大学人間科学学術院教授／医学博士、日本幼児体育学会会長
インターナショナルすこやかキッズ支援ネットワーク代表
日本食育学術会議会頭
米国ミズーリー大学で修士（教育学）を、岡山大学で博士（医学）
を取得。著書に『乳幼児の健康』『幼児体育〜理論と実践〜』『いま、
子どもの心とからだが危ない』（大学教育出版）、『あそぶだけ！公
園遊具で子どもの体力がグングンのびる！』（講談社）、『３歳から
の今どき「外あそび」育児』（主婦の友社）など。監修に『０・１・
２さいのすこやかねんねのふわふわえほん』（講談社）など。
1998 年に日本保育学会研究奨励賞、2002 年に日本幼少児健康教育
学会功労賞、2008 年に日本保育園保健学会保育保健賞を受賞。

# 子どもの健康福祉指導ガイド

2017 年 2 月 20 日　初版第 1 刷発行

■編　　者——日本幼児体育学会
■著　　者——前橋　明
■発 行 者——佐藤　守
■発 行 所——株式会社 **大学教育出版**
　　　　　　〒 700-0953　岡山市南区西市 855-4
　　　　　　電話 (086) 244-1268 ㈹　FAX (086) 246-0294
■印刷製本——モリモト印刷㈱
■イラスト——大森和枝・宇野紀子・日名雅美
■Ｄ Ｔ Ｐ——林　雅子

© Akira Maehashi 2017, Printed in Japan
検印省略　　落丁・乱丁本はお取り替えいたします。
本書のコピー・スキャン・デジタル化等の無断複製は著作権法上での例外を
除き禁じられています。本書を代行業者等の第三者に依頼してスキャンやデ
ジタル化することは、たとえ個人や家庭内での利用でも著作権法違反です。

日本音楽著作権協会（出）許諾第 1615686-601 号
ISBN978-4-86429-422-5